첫판 1쇄 펴낸날 2025년 4월 18일
2쇄 펴낸날 2025년 6월 25일

지은이 허두영 **그린이** 김학수
펴낸이 박창희
편집 박은아 **디자인** 배한재
마케팅 박진호 한혜원 **회계** 양여진 김주연
인쇄·제본 (주)소문사

펴낸곳 (주)라임
출판등록 2013년 8월 8일 제2013-000091호
주소 경기도 파주시 심학산로 10, 우편번호 10881
전화 031)955-9020(주문), 031)955-9023(마케팅)
       031)955-9021(편집)
팩스 031)955-9022
이메일 lime@limebook.co.kr **인스타그램** @lime_pub
홈페이지 www.prunsoop.co.kr **제조국** 대한민국

ⓒ 허두영·김학수, 2025
ISBN 979-11-94028-45-1 74910
     979-11-94028-44-4 (세트)

* 잘못된 책은 구입하신 서점에서 바꿔 드립니다.
* KC 마크는 이 제품이 공통안전기준에 적합하였음을 의미합니다.
* 던지거나 떨어뜨려 다치지 않도록 주의하세요.
* 이 책 내용의 전부 또는 일부를 재사용하려면 저작권자와 (주)라임의 동의를 받아야 합니다.
* 미처 연락이 닿지 않아 사진 게재 허락을 받지 못한 분이 계십니다.
  이 책에 사용된 사진의 저작권을 갖고 계신 분은 출판사로 연락해 주십시오.

역사 쌤과 함께하는 한국사 도장 깨기 ①

허두영 글　서울(전근대)　김학수 그림

라임

차례

첫 번째 도장 　암사동 선사 유적 박물관 • 6

역사가 없던 때도 사람들이 살았다고? | 돌을 떼어서 도구를 만들다, 이게 바로 신석기 혁명! | 농사도 짓고 가축도 기르고 | 움집에서 잠도 자고 고기도 굽고 | 신석기 시대 잇템, 빗살무늬 토기

두 번째 도장 　한성 백제 • 20

백제는 어떻게 생겨났어? | 서울 속에 숨은 백제를 찾아라 | 백제의 첫 번째 수도는? 어쩌다, 몽촌 토성? | 이것이 바로 돌무지 무덤, 석촌동 고분 | 백제 사람들은 어떻게 살았을까?

세 번째 도장 　아차산성 • 36

백제 vs. 고구려, 누가 누가 더 강할까? | 고구려가 중국의 만주 지역까지 영토를 넓혔다고? | 적의 침입을 막아라, 아차산 보루 | 아차산에 스민 바보 온달 이야기

네 번째 도장 　낙성대 공원 • 52

고려, 송나라와 요나라 사이에서 새우등 터지다 | 강감찬의 귀주 대첩을 알아? | 강감찬과 낙성대 | 나라를 지키고 평안하게 하라! | 강감찬 전시관 톺아보기

다섯 번째 도장 　종묘 사직단 • 66

새로운 나라 조선의 도읍지, 한양 | 종묘와 사직이 뭐야? | 왕과 왕비의 신주를 모신 곳, 종묘 | 역사가 길면 건물의 크기도 점점 커져 | 이것이 바로 종묘 제례! | 가장 조선다운 음악, 종묘 제례악 | 토지와 곡식의 신에게 제사를, 사직단

여섯 번째 도장 경복궁 • 84

조선 최초의 궁궐, 경복궁 | 경복궁의 정문, 광화문 | 경복궁의 두 번째 문, 흥례문 | 경복궁의 대표 건물, 근정전 | 천록과 함께 금천을 지키다, 영제교 | 임금도 휴식이 필요해, 강녕전 | 조선 최고의 연회장, 경회루

일곱 번째 도장 창덕궁 • 106

임금이 가장 사랑한 궁궐, 창덕궁 | 조선의 아픈 역사가 새겨진 돈화문 | 태종 이방원이 만든 금천교 | 서양식 인테리어로 꾸민 희정당 | 덕혜 옹주가 마지막으로 머물던 곳, 낙선재 | 창덕궁의 연꽃 연못, 부용지 | 슬픈 사랑의 노래, 애련지

여덟 번째 도장 창경궁 • 126

효심을 가득 담은 궁궐, 창경궁 | 궁궐을 놀이공원으로 바꿔 버렸다고? | 백성들과 함께길 꿈꾸다 | 역사의 아프고 슬픈 흔적이 고스란히 | 사도 세자의 비극이 서린 곳 | 인현 왕후와 장희빈이 치열하게 벌인 사랑과 전쟁 | 우리나라 최초의 서양식 온실

아홉 번째 도장 한양 도성 1 • 142

세계에서 가장 핫한 도시? | 한양 도성의 치안은 내가 담당, 순라군 | 숭례문 현판은 왜 세로로 썼을까? | 남산 공원, 나랑 같이 걸을래? | 동, 동, 동대문을 열어라, 흥인지문 | 난 별명이 여러 개야, 광희문 | 북쪽 대문 역할은 내가 맡고 있어, 혜화문

열 번째 도장 한양 도성 2 • 160

조선 건국의 일등 공신, 정도전 | 북쪽은 내가 지킬게, 북악산 | 안개와 노을빛이 예쁜 창의문 | 산 위에 우뚝 서 있는 숙정문 | 한양 도성을 지키는 하얀 호랑이, 인왕산 | 서대문 대신 돈의문 박물관 마을

서울에는 언제부터 사람들이 살았을까? 아주 먼 옛날, 아직 국가도 없고 글자도 없던 시절부터 사람들이 한강 주변에 모여 살기 시작했어. 그렇다면 그때 사람들은 어떤 집에서 어떻게 생활했을까? 이참에 서울에 맨 처음 살았던 사람들을 만나러 가 볼까? 암사동 선사 유적 박물관으로 다 같이 출발~~!

첫 번째 도전

암사동 선사 유적 박물관

암사동 선사 유적 박물관에서는 기원전 6000년 경 서울에 살았던 신석기 시대 사람들의 모습을 볼 수 있어. 그들이 실제로 살았던 움집 터를 복원하고, 여러 가지 도구들을 찾아서 전시해 놓았거든.

그저 눈으로 보기만 해야 하냐고? 아니, 그럴 리가! 흙으로 만든 토기를 비롯한 갖가지 생활 도구를 만들어 보거나 체험해 볼 수 있지.

한번 상상해 봐. 그때 사람들과 함께 살았던 동물과 식물들, 그리고 흙으로 토기를 빚는 모습과 그물로 물고기를 잡는 모습……. 내가 그 시대에 살았다면 하루를 어떻게 보냈을까? 스마트폰을 잠시도 내려놓지 못하는 지금의 생활이랑은 엄청나게 다르겠지?

신석기 체험 활동

토기 만들기

물고기 잡는 모습

그때 살았던 동물

역사가 없던 때도 사람들이 살았다고?

아까도 말했지만 아직 국가도 없고 글자도 없는 시대가 있었어. 글자가 없었으니까 그때 사람들이 어떻게 살았는지 적어 놓은 것도 없지 뭐야. 이런 시대를 한자로 '먼저 선(先)', '역사 사(史)'를 써서 '선사' 시대라고 해. 역사가 생겨나기 전의 시대란 뜻이지.

● 돌을 떼어서 도구를 만들다, 구석기

선사 시대는 그 당시 사용하던 도구에 따라서 구석기와 신석기로 나뉘어. 이참에 한자 공부나 해 볼까? 구석기의 '구(舊)'는 무슨 뜻일까? 에헤, 눈치챘니? '옛' 혹은 '오래'된 걸 뜻해. 그러니까 구석기 시대가 가장 옛날인 거지.

구석기 시대 사람들은 사냥이나 채집을 하면서 살았어. 사냥은 알겠는데, 채집은 뭔지 모르겠다고? 음, 채집은 열매나 풀 같은 걸 따거나 뜯거나 캐서 모으는 걸 말해.

뗀석기

　　이 무렵에는 돌로 도구를 만들어 썼어. 땅에서 뭔가를 캐려면 도구가 필요하지 않겠어? 그런데 돌로 어떻게 도구를 만들었냐고? 커다란 돌을 주워다 깨뜨려서 도구를 만들었지. 말 그대로 돌을 떼어 냈다고 해서 '뗀석기'라고 불러.

이게 바로 신석기 혁명!

　　신석기 시대는 무엇이 달라져서 앞에 '새로울 신(新)'이 붙은 걸까? 그 시기는 사람들이 쓸모에 맞게 돌을 갈아서 도구를 만들기 시작했어. 그만큼 도구의 종류가 다양해졌겠지? 일하기도 한결 수월해졌을 테고.

간석기 갈돌 체험

이렇게 돌을 갈아서 만든 도구를 뭐라고 부르게? 뗀석기를 머릿속에 떠올려 보면 답을 찾기가 쉬울걸. 딩동댕! 맞아, '간석기'야. 구석기 시대와 신석기 시대, 생각보다 구분하기 쉽지? 떼었냐 갈았냐, 이것이 문제로다!

● **농사도 짓고 가축도 기르고**

사실은 신석기 시대에 아주 놀라운 일이 일어나. 사람들이 농사를 짓기 시작하거든. 나무에서 열매를 따 먹거나 사냥을 해 먹고살던 사람들이 바야흐로 식량을 생산할 수 있게 된 거야. 가히 혁명이라고 할 수 있지. 새로운 세상이 열린 셈이니까.

그뿐만이 아니야. 가축도 기르기 시작하거든. 숲속에서 들짐승을 사냥하던 때보다 손쉽게 고기와 가죽을 얻게 되었지. 그러다 보니 여기저기 떠돌아다니면서 살 필요가 없어졌어. 자연스럽게 한 군데에 자리를 잡고 살기 시작하면서 '마을'이 생겨나기 시작해.

● 움집에서 잠도 자고 고기도 굽고

서울에는 남북을 가르면서 흐르는 강이 있지? 맞아, 한강 말이야. 신석기 시대 사람들은 한강 옆 암사동에 옹기종기 모여 살기 시작했어.

땅에다 둥글거나 네모나게 구덩이를 파서 집을 지었지. 그러고는 지푸라기나 기다란 식물, 나뭇가지 같은 걸로 지붕을 덮었는데, 이것을 '움'이라고 해. 이런 모양으로 지은 집을 '움집'이라 부르고…….

암사동 선사 유적 박물관 밖에는 신석기 시대 사람들이 살았던 움집을 똑같이 만들어 두었어. 자, 다 같이 움집 안으로 들어가서 그때 사람들이 어떻게 살았는지 한번 살펴볼까?

움집 내부   움집

움집 가운데에 사람들이 둘러앉아 있네? 꽤 화목해 보이는 가족인걸. 그물이나 낚시로 잡은 물고기를 굽고 있나 봐. 와, 신석기 시대에는 '불'이 있었구나. 음식을 구워 먹을 수 있으니까 훨씬 더 맛있겠다.

앗, 잠깐만! 움집을 나서기 전에 신석기 시대 가족들과 사진 한 장 찍어 보는 거 어때? 찰칵!

신석기 시대 잇템, 빗살무늬 토기

　신석기 시대는 구석기 시대와 다른 점이 또 있어. 바로 토기를 만들어 사용했거든. '토기'가 뭐냐고? 흙으로 빚어 불에 구워 만든 그릇을 말해. 음식을 담아서 보관하기도 하고, 또 먹거리를 삶거나 끓이는 조리 도구로 쓰기도 했지.

　우리나라 신석기 시대 토기 중에서 가장 많이 발견되는 것은 '빗살무늬 토기'야. 이건 또 무슨 뜻이냐고? 말 그대로 토기에 비가 내리는 것처럼 빗금(선)을 쭉쭉 그어 놓은 거야.
　빗살무늬 토기를 보면 뭔가 좀 다르다는 생각이 들지 않니? 우리가 요즘 사용하는 그릇은 바닥이 납작하고 평평하잖아. 그런데 빗살무늬 토기는 어때? 바닥 쪽으로 갈수록 좁아지면서 뾰족한 모양을 하고 있지?

빗살무늬 토기

빗살무늬 토기를 만드는 과정

바닥에 두면 금방 옆으로 쓰러질 것 같은데……, 신석기 시대 사람들은 이 토기를 대체 어떻게 사용했을까?

  신석기 시대에는 주로 강가나 바닷가에서 살았어. 한강 옆 암사동 같은 곳 말이야. 일단 강가에서는 물을 구하기가 쉽잖아. 마실 물을 얻기 쉬울 뿐 아니라 농사를 짓거나 물고기를 잡기에도 아주 좋지.

  그만큼 땅이 무르기도 해서, 구멍을 판 다음에 밑이 뾰족한 토기를 꽂아서 쓰지 않았을까 싶어.

  신기하지? 암사동 선사 유적 박물관에 가서 꼭 체험해 봐.

학교에서는 언제 배워?

초등학교 《사회》 4학년 1학기 2단원 〈우리 지역의 국가유산〉에서 내가 사는 지역의 역사와 특징, 그리고 예전에 살았던 사람들의 생활 모습과 생각에 대해 공부해. 그리고 5학년 2학기 1단원 〈옛사람들의 삶과 문화〉에서는 구석기와 신석기 시대에 대해 배워. 뗀석기와 간석기, 빗살무늬 토기, 또 그 시대 사람들의 생활 모습에 대해서도 배우고.

그건 왜 그래?

1. 구석기 시대에 쓰인 도구는 무엇일까? 손으로 떼어서 썼다던데…….

2. 우리나라 신석기 시대 대표적인 토기는 무엇일까? 토기에 빗금이 쭉쭉 그어져 있다던가?

3. 신석기 시대 사람들은 주로 어디에 모여 살았을까?
   ① 산중턱 ② 논밭 ③ 강가 ④ 바닷속

정답 1. 뗀석기 2. 빗살무늬 토기 3. ③

활동 하기 신석기 시대 생활을 상상하면서 일기 쓰기

오늘은 신석기 시대 사람이 되어 보는 거 어때? 하루를 어떻게 보냈을지 상상하면서 일기를 써 보자.

2 암사동 선사 유적 박물관에는 '선사 체험 어린이 교육 프로그램'이 있어. 박물관에 가기 전에 홈페이지에서 미리 예약을 하면 더 알찬 시간을 보낼 수 있지. 참, 입장료 외에 체험 비용이 따로 있으니까 참고하도록 해.

1 암사동 선사 유적 박물관에는 실내뿐 아니라 야외에도 선사 시대를 알 수 있는 전시물이 많이 있어서 다양한 활동을 할 수 있어. 그러니까 너무 추운 겨울이나 아주 더운 여름에 방문하면 좀 힘들 수도 있겠지?

3 암사동 선사 유적 박물관 내 앱이 있어. 애플 앱스토어나 구글 플레이에서 '암사동 선사 유적 박물관'을 검색하여 다운받아 두면 유용하게 쓸 수 있겠지?
다양한 콘텐츠를 볼 수 있는데, '나만의 도슨트'가 궁금한 내용을 귀에 쏙쏙 들어오게끔 설명해 줘. 아, 휴대폰이 없어도 괜찮아. 박물관 안내 데스크에서 이어폰과 스마트 기기를 무료로 빌려 주거든.

4 주차장 옆 카페에 들러 봐. 음료와 빵의 가격이 비싸지 않으면서 아주 맛이 좋아. 참, 박물관 안에는 카페나 매점이 없어. 목이 마르거나 배가 고파도 꾹 참아야 해. 그래서 주차장 옆 카페의 음료와 빵이 꿀맛이었나?

 함께 보아요

전곡 선사 박물관

신석기 시대 사람들의 삶의 모습을 살펴보았다면 우리나라에 살았던 최초의 사람들, 즉 구석기인들은 어떻게 살았을까? 경기도 연천군 전곡리에는 구석기 유적과 '전곡 선사 박물관(https://jgpm.ggcf.kr)'이 있어. 선사 시대 사람들의 모습이 더 궁금하다면 Go! Go!

 함께 보아요

강동 선사 문화 축제

서울시 강동구에서는 해마다 가을에 강동 선사 문화 축제를 열어. 암사동 유적지에서 선사 시대 사람들의 생활을 체험할 수 있는 원시 바비큐 체험, 신석기 고고학 체험 스쿨 등 다양한 프로그램이 열려. 자세한 일정과 내용은 홈페이지를 참고하도록 해~!

암사동 선사 유적 박물관

- 주소 : 서울특별시 강동구 올림픽로 875(암사동)
- 홈페이지 : https://sunsa.gangdong.go.kr/
- 관람 시간 : 09:30 ~ 18:00(입장 마감 17:30)
- 휴관일 : 1월 1일, 매주 월요일(월요일이 공휴일이면 다음 날 휴관)
- 대중교통 : 지하철 8호선 암사역 4번 출구 도보 15분
  암사역 1번 출구 마을버스 02번 암사동 유적 정문 앞 하차
- 주차 가능

우리나라 최초의 국가는 어디게? 딩동댕! 고조선이야. 고조선이 등장하고 나서, 지금 우리가 살고 있는 한반도와 중국의 만주 지역에 크고 작은 나라들이 세워졌어. 그 가운데 고구려, 신라, 백제가 살아남아 경쟁했는데, 이때를 삼국 시대라고 해. 이 중에 서울의 한강을 중심으로 발전해 나간 나라가 있어. 바로, 바로 백제야! 자, 이번에는 서울에 남아 있는 백제의 흔적을 찾아 떠나 볼까?

두 번째 여정

한성 백제

삼국 시대의 세 나라 중에서 가장 넓은 땅을 차지했던 고구려는 한반도 북부와 만주 지역에서 힘을 키워 나갔어. 나중에 삼국을 통일한 신라는 경상도의 경주 지역을 중심으로 발전해 나갔고…….

한때 서울이 백제의 수도였다는 사실을 아는 사람은 그리 많지 않아. 백제 하면 으레 공주나 부여를 머릿속에 떠올리잖아. 에헴, 그래서 역사 공부를 제대로 할 필요가 있는 거지.

백제의 첫 번째 수도는?

백제는 어떻게 생겨났어?

 백제는 아까 말한 대로 서울의 한강 근처에 터를 잡아 번성해 나갔어. 지금으로부터 약 이천 년 전의 일이야. 그때는 서울을 한성이라 불렀다지? 그래서 그 시기를 '한성 백제'라고 부르기도 해.

풍납 토성

칠지도 모형

석촌동 고분

한성 백제 박물관

 음, 그런데 백제를 이해하려면 고구려 이야기부터 해야 할 거 같아. 자, 여기서 퀴즈! 고구려를 세운 사람이 누구지? 그래, 맞아. 주몽이야. 활을 매우 잘 쏴서 주몽이란 이름이 붙었다는 얘기는 들어 봤지?
 주몽은 부여에서 태어났지만, 세력 싸움에 밀려 남쪽으로 내려갔어.

그 후 압록강 주변에 있던 사람들과 힘을 모아 고구려를 세우고 왕위에 올랐지. 그리고 나서 얼마 뒤 고구려를 세울 때 큰 도움을 주었던 소서노와 결혼을 해. 소서노에게는 이미 두 명의 아들이 있었는데, 그들이 바로 비류와 온조야.

그런데 어느 날! 주몽이 부여에 두고 온 아들 유리가 고구려로 찾아온 거 있지? 결국 유리가 왕위를 잇게 되자, 소서노는 눈물을 머금은 채 비류와 온조를 데리고 남쪽으로 내려갔어.

비류는 지금의 인천 지역인 미추홀에, 온조는 한강 근처 위례에 나라를 세웠어.

그런데 바닷가인 미추홀에서는 농사가 잘 안 되지 뭐야? 바닷가는 땅이 습하고 물이 짜서 식물이 자라기가 어렵거든. 훗날 비류가 세상을 떠나자 백성들이 위례로 가서 힘을 합치게 돼. 그리고 나라 이름을 '백제'로 바꾸었지.

서울 속에 숨은 백제를 찾아라!

온조가 세운 백제의 위례성을 '한성'이라고도 해. 그래서 고구려의 장수왕에게 한성을 빼앗기고, 웅진성(지금의 공주)으로 수도를 옮길 때까지 약 오백여 년 동안을 한성 백제 시기라고 부르지.

● **백제의 첫 번째 수도는?**

말하자면 위례성은 백제의 첫 번째 수도인 셈이야. 위례성이 정확히 어디냐고? 음, 지금의 풍납 토성과 몽촌 토성으로 추정하고 있어.

지금으로부터 이천 년 전의 백제 사람들은 그 길고 높다란 성을 무엇으로 어떻게 쌓았을까? 그때는 기중기 같은 것도 없었을 텐데, 그치?

풍납 토성과 몽촌 토성……. 뭔가 딱 와닿는 게 있지 않니? 토성, 토성……. 그래, 맞아! 흙 토(土)! 백제 사람들은 '흙'으로 성벽을 쌓았어. 서쪽으로 한강을 낀 채 기다란 타원 모양으로 성을 만들었지. 북쪽과 동쪽,

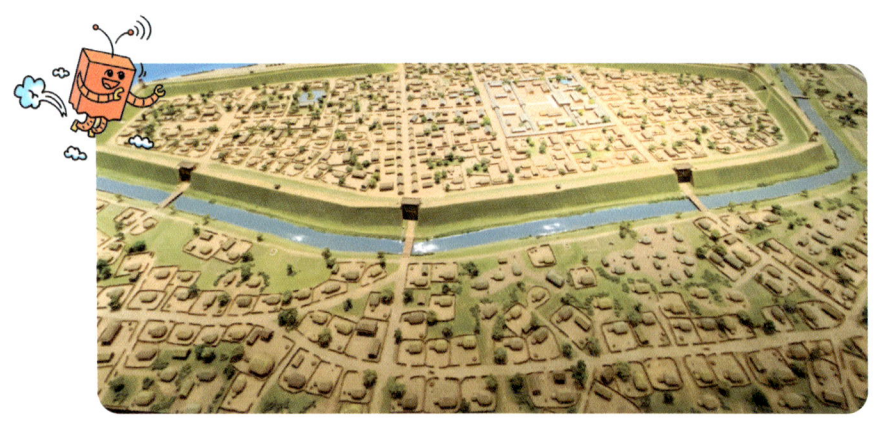
풍납 토성 모형

남쪽에 성벽의 흔적이 남아 있는데, 둘레가 무려 4킬로미터가량이나 된다고 해. 꽤 큰 규모라 할 수 있지?

풍납 토성에서 여러 가지 유물이 발견되었는데, 백제의 유물뿐만 아니라 중국 유물도 여럿 출토되었다지? 아마도 그 당시에 백제가 중국이랑 매우 활발하게 교류를 했던가 봐.

● 어쩌다, 몽촌 토성?

1986년 서울 아시안 게임과 1988년 서울 올림픽 개최를 위해 경기장과 공원을 짓는 공사를 하다가 깜짝 놀랄 만한 일이 일어났어. 풍납 토성

두 번째 도장_한성 백제 27

남쪽의 언덕에서 흙으로 쌓은 성을 발견했는데…….

세상에! 백제 초기의 유물이 마구마구 쏟아져 나온 거야. 거기가 바로 몽촌 토성이야. 적의 침입을 막기 위한 방어 시설인 해자(성 주위에 둘러 판 못)와 목책(말뚝을 죽 잇따라 박아 만든 울타리)이 있는 것으로 보아, 몽촌 토성은 적으로부터 수도를 방어하기 위해 지은 성이었을 거라고 추정하고 있어.

몽촌 토성은 올림픽 공원이랑 이어져 있어서 산책하기에 참 좋은 곳이야. 가족이나 친구들이랑 몽촌 토성을 걸으면서 이천 년 전의 백제를 느껴 보는 건 어때?

● 이것이 바로 돌무지 무덤, 석촌동 고분

옛날부터 돌이 많은 마을이라고 해서 '석촌동'이라고 불리는 동네가 있었어. 그런데 자세히 살펴보니 평범한 돌멩이가 아니라 돌무덤이 무너지면서 돌이 쌓였던 거지 뭐야?

사람들의 무관심으로 보존되지 못하고 훼손되어 가던 이 무덤들은 나

석촌동 고분

고구려 장군총

계단식 돌무지 무덤을 만드는 장면

중에야 백제의 무덤이라는 사실이 밝혀졌지.

혁, 무덤이라고 하니까 무섭게 느껴진다고? 이런 무덤은 그 당시 사람들의 생각이나 생활 모습을 알 수 있는 단서여서, 역사의 수수께끼를 푸는 데 아주 중요한 힌트가 될 수 있어. 진짜진짜 소중한 것이지.

무덤은 시대마다 국가마다 만드는 방식이 다르거든. 그중에 돌을 무더기로 쌓는 양식을 '돌무지 무덤'이라고 하는데, 무덤에 묻힌 사람의 지위나 영향력에 따라서 무덤의 규모가 커지기도 하고 작아지기도 해.

석촌동에 있는 백제의 무덤은 돌을 쌓아 계단식으로 만들었는데, 이런 것을 '계단식 돌무지 무덤'이라고 불러. 음, 규모를 보아 하니 엄청 높은 사람의 무덤을 만들고 있나 봐. 가장 큰 3호분을

포함해 지금은 4기가 남아 있어.

백제 사람들은 어떻게 살았을까?

백제 사람들이 어떻게 살았는지 궁금하다면? 지금 바로 한성 백제 박물관으로 Go, Go~!

한성 백제 박물관은 풍납 토성과 몽촌 토성을 발굴하면서 나온 유물들을 모아 놓은 곳이야. 백제 사람들의 다양한 이야기를 만날 수 있는 곳이지. 궁금하지 않아? 단지 흙으로 쌓은 성벽이 그토록 긴 세월을 어떻게 견뎌 내었는지…….

어쩌면 한성 백제 박물관에서 그 비밀을 찾아낼 수 있을지도 몰라. 풍

한성 백제 박물관의 VR 화면

납 토성 성벽의 단면을 얇게 떼어서, 토성 만드는 과정을 그대로 보여 주고 있거든.

 한성 백제 박물관에는 매일매일 볼 수 있는 상설 전시뿐만 아니라 틈틈이 다양하고 재미있는 특별 기획 전시회를 열고 있어. 그 덕분에 흥미로운 주제의 역사를 자주 만날 수 있지. 이참에, 한성 백제 박물관을 가상으로 체험(VR)해 보는 건 어때?

학교에서는 언제 배워?

초등학교 《사회》 4학년 1학기 2단원 〈우리 지역의 국가유산〉에서 지역의 유적지를 체험하며 역사를 이해하는 시간을 가져. 5학년 2학기 1단원 〈옛사람들의 삶과 문화〉에서는 고구려·백제의 건국과 발전 과정에 관해서 알게 돼.

그건 왜 그래?

1. 백제를 세운 사람은 누구야?
    ① 주몽   ② 유리   ③ 온조   ④ 금와

2. 백제의 첫 수도는 어디였을까?

3. 한성 백제에서는 성벽을 어떤 재료로 쌓았을까?

정답 1. ③ 2. 하남위례성 3. 흙

한성 백제에서 나만의 포인트 사진 찍기

한성 백제의 흔적을 고스란히 품고 있는 풍납 토성과 몽촌 토성, 석촌동 고분, 그리고 한성 백제 박물관에서 나만의 포인트를 찾아 사진을 찍어 보자.

풍납 토성

몽촌 토성

석촌동 고분

한성 백제 박물관

2 올림픽 공원에는 박물관과 미술관, 광장 등 다양한 문화 시설과 볼거리가 있어. 따뜻한 봄이나 시원한 가을에 가족이나 친구들과 여유 있게 시간을 가지고 다녀오기 좋은 곳이야.

1 풍납 토성은 백제의 첫 번째 수도 위례성으로 추정되고 있어. 가족이나 친구와 함께 산책하면서 온조왕의 이야기를 떠올려 봐.

3 석촌동 고분 근처에 석촌 호수와 롯데 월드, 롯데 타워가 있어. 주변에 놀이공원도 있고, 맛집도 많으니까 역사 여행을 마친 후 즐겁고 맛있는 시간을 보낼 수 있을 거야.

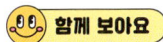 함께 보아요

서울 백제 어린이 박물관

 올림픽 공원의 남쪽에 한성 백제 박물관이 있다면, 북쪽에는 '서울 백제 어린이 박물관'이 있어. 여기는 어린이들을 위한 박물관이야. 서울의 고대 역사와 삼국 시대의 다양한 유물을 볼 수도 있지. 여러 가지 교육 및 문화 프로그램이 개설되어 있으니까 홈페이지를 미리 확인해 봐.

 함께 보아요

올림픽 공원

 올림픽 공원에는 호수를 비롯해서 여러 조각상, 이쁜 잔디밭, 산책길 등 가족이나 친구들이랑 어울려 놀 수 있는 곳이 아주 많아. 올림픽 공원의 가장 아름다운 장소 '9경'을 찾아서 스탬프 투어도 하고 선물도 받아보자. 이런 게 바로 일석이조지! 자, 다 같이 신나게 달려가 볼까?

한성 백제 박물관

- 주소 : 서울특별시 송파구 위례성대로 71
- 홈페이지 : https://baekjemuseum.seoul.go.kr/
- 관람 시간 : 평일 09:00 ~ 19:00
  토·일·공휴일 : 09:00 ~ 19:00(단, 11~2월 오후 6시까지)
- 입장료 : 상설 전시실 무료(특별 전시는 유료로 진행할 수 있음)
- 휴관일 : 1월 1일, 매주 월요일(월요일이 공휴일이면 정상 개관)
- 대중교통 : 지하철 8호선 몽촌토성역 1번 출구 도보 10분
  지하철 9호선 한성백제역 2번 출구 도보 5분
- 주차 요금 : 30분 이내 무료, 초과 5분당 300원, 1일 요금 20,000원

삼국 시대 세 나라 중 가장 넓은 영토를 가졌던 나라는 어디일까? 바로 고구려야. 광개토 대왕은 그 이름만 봐도 알 수 있듯이, 강력한 힘을 가지고 만주 지역으로 영토를 넓혔어. 그 아들인 장수왕은 남쪽으로 영토를 넓혀 한강 유역까지 차지했어. 진짜 대단하지?

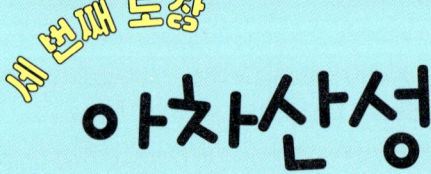

세 번째 도장
아차산성

고구려 하면 우리의 북쪽, 그러니까 지금의 북한과 중국 지역에 있었던 국가였다고 생각하는 친구들이 많은 것 같아.

어, 그런데 서울 한강에 고구려의 유적이 남아 있다고? 궁금하면 눈으로 확인해 봐야지. 자, 이번에는 천오백여 년 전 고구려의 흔적을 찾아 떠나가 볼까?

참, 백제를 건국한 온조 기억하지? 온조를 비롯한 그 세력들은 고구려

와 같은 계통이라고 할 수 있어. 온조가 고구려에 있다가 남쪽으로 내려왔잖아. 그래서 무덤 모양도 비슷비슷해. 그런데 두 국가가 점점 강성해지고 영토가 넓어지다 보니 서로 부딪칠 수밖에 없었어.

국가의 여러 가지 제도를 안정시키고, 국제 관계에서 주도권을 먼저 잡은 건 백제였어. 그렇다면 백제의 최고 전성기는 언제였을까? 바로 근초고왕 때야. 근초고왕은 고구려의 주요 도시인 평양에 직접 군사들을 이끌고 가서 공격해. 그 바람에 고구려의 왕이었던 고국원왕이 죽음을 맞게 되지.

● **고구려가 중국의 만주 지역까지 영토를 넓혔다고?**

고구려는 고국원왕이 세상을 떠나면서 큰 위기에 빠졌어. 하지만 위기 상황에 좌절해서 멍하니 넋을 놓고 있진 않았지. 학교를 세우고 제도

를 정비하여 다시 발전할 수 있는 발판을 마련했거든.

광개토 대왕은 무엇보다 군사력을 강하게 키웠어. 그래서 지금의 중국 만주 지역까지 영토를 넓혔지. 그 뒤에는 남쪽으로 방향을 돌려 한강의 북쪽 지역까지 차지했고.

이뿐만이 아니야. 광개토 대왕의 아들 장수왕은 수도를 국내성(지금의 중국 지린성 지안시 일대)에서 남쪽의 평양으로 수도를 옮기고서 본격적으로 남진 정책을 펼쳤어. 남진 정책이 뭐냐고? 말 그대로 남쪽(南)으로 나아간다(進)는 뜻이야.

장수왕이 백제의 한성을 함락하는데, 그때 백제의 개로왕이 고구려군에게 포로로 잡히고 말아. 결국 아차산성에서 죽임을 당하지. 이로써 고구려가 한강을 차지하면서 한반도의 중심 국가로 떠오르게 돼.

여기서 딱 눈치챈 것 없니? 한~강! 한강은 한반도의 중심이라 할 수 있어. 중국과 연결된 국제 교통망이어서 아주 중요한 지역이거든. 그래서 그 당시에는 한강을 어느 나라가 차지하느냐가 아주 중요한 문제였지.

적의 침입을 막아라, 아차산 보루

아차산은 가족이나 친구와 함께 산책을 하면서 느긋하게 오를 수 있을 만큼 야트막한 산이야. 가벼운 마음으로 십여 분가량 오르다 보면, 작은 언덕에 '보루'라는 표지판이 여러 개 서 있는 걸 볼 수 있어. 음, 보루가 뭐냐고?

보루는 군인들이 적의 침입을 막거나 감시하기 위해 돌이나 흙으로 만든 방어 구조물이야. 여기서 군인들이 썼던 토기의 파편과 무기, 농기구 등 다양한 유물을 찾아낸 것 있지? 배수 시설과 저장고 등 거주 시설도 발견되었고.

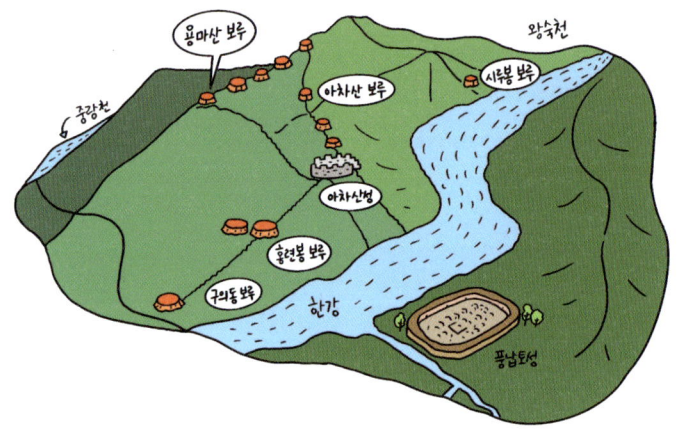

　아차산에는 현재 6개의 보루가 발견되었다고 해. 주변에 있는 홍련봉과 시루봉, 구의동, 용마산 등 근처에서도 보루가 나타났다지.

　사실 아차산 보루에서는 고구려의 흔적뿐 아니라 백제나 (통일) 신라의 유물로 추정되는 것들이 나오기도 했어.

　아차산에는 한강 남쪽의 백제의 풍납 토성과 몽촌 토성, 그러니까 지금의 잠실 지역이 한눈에 내려다보여. 경치가 워낙 좋아서 자신도 모르게

아차산에서 본 롯데 타워

고구려정

"야호!" 하고 소리칠지도 몰라.

음, 머쓱해할 필요 없어. 천오백 년 전에 바로 이곳에서 고구려 군사들이 한강과 백제의 한성, 그리고 신라군을 바라보고 있었다는 상상을 해 보는 거지. 뭔가 의연해지는 듯한 기분이 들지 않니?

사실 우리나라에는 고구려의 흔적이 많이 남아 있지 않아. 하지만 아차산은 고구려와 깊은 관련이 있지? 그래서 고구려 유적을 기념하기 위해 아차산에 일부러 '고구려정'을 만들어 두었어.

이곳에서 잠시 쉬면서 바로 여기에 고구려 사람들이 살았다는 사실을 기억해 두는 것도 좋겠지?

아차산 보루

아차산에 스민 바보 온달 이야기

혹시 〈온달과 평강 공주〉 이야기 알고 있니? 고구려 공주인 평강은 어렸을 때, 너무 자주 우니깐 아버지인 고구려 왕이 "자꾸 울면 바보 온달과 결혼시킬 거야."라고 말했다고 해.

시간이 지나 결혼할 나이가 되자, 평강 공주는 아버지가 말한 대로 바보 온달을 찾아가 결혼을 했어. 평강 공주는 온달을 공부시키고 군사 훈련도 시켜서 마침내 장군으로 만들어 냈다는 얘기야. 그 후 온달은 나라에 큰 공을 세웠다지.

이 이야기는 여러 가지로 해석해 볼 수 있는데, 온달이 그 당시에 큰 힘을 가졌거나 부유한 귀족 세력이 아니었기에 '바보'라는 이야기가 덧붙여진 것 같아. 그런데 이 이야기는 과연 사실일까?

역사 기록을 보면, 고구려 장군 온달이라는 사람이 실제로 있었어. 고구려와 신라의 전쟁에서 온달이 아단성 아래에서 싸우다가 화살에 맞아 죽게 돼.

그때 온달의 장례식을 지내려고 했으나 관이 움직이지 않았어. 결국 공주가 관을 어루만지며 위로와 함께 마지막 인사를 하자 그제야 관이 움직였다지?

그때의 아단성을 지금의 아차산성으로 추정하고 있어. 그런데 충청북도 단양군에 있는 온달 산성에서도 같은 이야기가 전하는 거 있지? 진짜

온달과 평강공주

아차산 생태 공원에 있는 온달과 평강 공주 동상

온달이 있었던 곳은 어디일까? 타임머신이 있다면 그 시대로 돌아가서 확인해 보고 싶지 않니? 무지무지 궁금······.

학교에서는 언제 배워?

초등학교 《사회》 4학년 1학기 2단원 〈우리 지역의 국가유산〉에서 박물관, 기념관, 유적지를 직접 찾아가서 조사하는 '답사'에 대해 배워. 그리고 5학년 2학기 1단원 〈옛사람들의 삶과 문화〉에서 삼국의 성립과 고구려·백제·신라의 성장과 발전 과정, 그리고 문화를 알 수 있어.

그건 왜 그래?

1. 백제 전성기의 왕으로 고구려 평양성을 공격한 인물은 누구일까?

2. 광개토 대왕의 아들로, 수도를 평양으로 옮기고 백제의 한성을 점령한 왕은?

3. 군인들이 적의 침입을 막기 위하여 돌이나 흙으로 만든 구조물은?

정답 1. 근초고왕 2. 장수왕 3. 성곽

활동하기: 고구려 보루 찾기

아차산에 있는 고구려의 보루를 찾아 표지판에 있는 모양이나 주요 특징을 정리해 보자.

이름	모양 및 주요 특징
1	
2	
3	
4	

도장깨기 TIP TIP TIP

1 아차산은 그다지 높지 않아서 미끄럽지 않은 운동화 또는 트레킹화로 충분히 갈 수 있어. 간식이나 도시락을 챙겨서 가족이나 친구랑 함께 다녀오면 좋겠지?

2 아차산 정상에는 정상석 대신 정상이라는 작은 표지판만 있어. 자칫하다간 그냥 지나칠 수 있으니 천천히 걷는 것을 추천해.

3 체력과 시간의 여유가 있다면 아차산뿐만 아니라 용마산을 비롯해 주변에 있는 고구려 보루를 더 찾아가 보자!

🙂 함께 보아요

북한산 신라 진흥왕 순수비

한강을 둘러싼 고구려, 백제, 신라 간의 대립과 갈등은 오랜 세월 이어졌어. 신라가 삼국을 통일하기 전까지 말이야. 특이한 점은 바로 한강을 차지하고 있었을 때의 국가가 당시 한반도의 중심 세력으로 전성기를 누렸다는 거야.

백제, 그리고 고구려 순으로. 삼국 중 마지막으로 한강을 차지한 신라 진흥왕은 북한산에 올라 비석을 세웠어. 왕이 영토를 확장한 지역을 직접 순시하고 나서 기념으로 세운 비석을 순수비라고 해.

현재까지 알려진 진흥왕 순수비는 총 네 개가 있는데, 그중 두 개는 북한 지역에 있어. 북한산 순수비는 보존을 위해 국립 중앙 박물관에 전시되어 있고, 원래 순수비가 있었던 북한산 비봉에는 모조품이 있어. 북한산에서 한강과 지금의 서울 지역을 내려다보며 비석을 세웠던 진흥왕의 마음은 어땠을까?

한강과 지금의 서울 지역을 차지한 신라는 중국과의 직접 소통할 수 있는 국제 국가로 발전하게 되고, 결국 삼국 통일을 이루게 되었지.

🙂 함께 보아요

충주 고구려비

남한강이 흐르는 충주의 한 마을 입구에 비석같이 생긴 돌이 있어서 입석 마을로 불렸어. 이 비석은 마을 대장간 기둥으로 사용되기도 하고, 홍수에 쓰러지기도 했다고 해.

오랜 세월 동안 비바람에 시달린 나머지 비석의 글씨가 사라지고 한쪽 귀퉁이가 부서졌다지. 그런데 이 비석의 글씨를 조사하다가 모두가 깜짝 놀라고 말았어.

이 비석에는 고구려가 한강을 넘어 남쪽의 충주 지역까지 진출한 것을 기념하여 세웠다는 내용이 적혀 있거든. 우리

나라 유일한 고구려 비석으로, 지금은 국가의 보물, 즉 국보로 지정되었어.

국립 중앙 박물관

서울 이촌역(지하철 4호선, 경의중앙선) 가까이에 있는 국립 중앙 박물관은 우리나라 최고의 박물관이야. 역사를 좋아하는 친구라면 하루 종일 시간을 보내도 지루해하지 않고 재미있는 역사 유물과 다양한 이야기로 즐거운 시간을 보낼 수 있을걸.

그중에 고구려 광개토 대왕을 만날 수 있는 유물이 있어. 바로 호우명 그릇이야. 경상북도 경주의 호우총이라고 불리는 무덤에서 출토된 청동 그릇인데, 그릇 바닥에 '광개토 대왕' 표시가 있어. 아마도 광개토 대왕이 세상을 떠난 후, 고구려 행사에서 신라 사신이 이 그릇을 받아 왔을 것으로 추정하고 있어. 아직 이 그릇과 관련된 정확한 사실은 알 수 없지만, 고구려 왕의 이름이 쓰여 있는 그릇이 경주 신라의 무덤에서 발견된 이야기가 왠지 흥미롭지 않니?

아차산

- 주소 : 서울특별시 광진구와 경기도 구리시에 걸쳐 있는 산
- 입장료 : 무료
- 대중교통 : 지하철 5호선 아차산역 또는 광나루역에서 도보로 이동
- 주차장 : 아차산 등산로 바로 근처의 주차장은 없음. 근처의 서울 어린이 대공원 후문 주차장 또는 구의 야구 공원 주차장 이용 후 도보 이동

하늘에서 별이 떨어진 날에 태어난 아이가 있어. 그 아이는 훗날 외적의 공격을 받았을 때 나라를 구한 영웅이 되었지. 그 사람이 누구냐고? 바로 강감찬이야. 혹시 그거 아니? 전쟁터에 나갈 때 강감찬의 나이가 칠십 세였대. 모두 다 알다시피, 귀주에서 큰 승리를 거두었잖아. 대체 무슨 일이 일어난 건지 다 같이 알아보러 가 볼까?

 '낙성대' 뜻이 뭔지 아니? 바로 별(星)이 떨어진(落) 집(垈)이란 뜻이야. 약 1000년 전의 강감찬은 나라의 위기를 외면하지 않고 거란의 침입을 귀주에서 막아 내고 큰 승리를 거두었어.

고려, 송나라와 요나라 사이에서 새우등 터지다

 고려는 중국 송나라와 문화를 주고받으며 친선 관계를 유지했어. 고구려를 계승했다는 나라 이름처럼 북쪽으로 영토를 넓히는 북진 정책도 추진했지.
 그 무렵 우리나라 북쪽에는 발해를 멸망시키고 날로 강성해지고 있는 거란족이 세운 요나라가 있었어. 고려는 고구려를 계승해 형제 국가라고 할 수 있는 발해를 멸망시킨 요나라를 견제하고 있었고.
 요나라는 중국 송나라와의 전쟁을 준비하면서, 고려가 송나라하고만

친하게 지낸다는 이유를 내세워 수십만 대군을 이끌고 공격을 해 왔어. 엄청난 규모의 요나라 군대를 보고 놀란 고려에서는 일단 항복을 해야 한다고 말하는 신하들이 있었지.

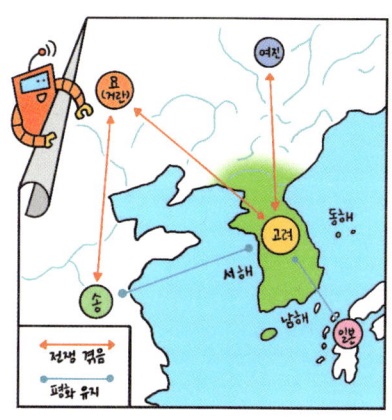

그때 서희가 홀로 요나라 장군의 진지를 찾아가 거란족의 침략 의도를 쫙 파악했어. 서희는 외교 회담을 통해 협상을 이끌어 내고, 송나라와의 외교 관계를 끊는 대신 요나라와 교류할 것을 약속했지. 그리하여 압록강 동쪽의 넓은 지역을 확보했지 뭐야. 이곳이 바로 강동 6주야. 어때, 대단하지?

강감찬의 귀주 대첩을 알아?

서희의 외교 담판으로 잠시 평화를 유지했지만 오래가지는 못했어. 거란이 두 번째 침입을 해왔거든. 고려와 거란의 전쟁이 시작된 거야.

사십만 명의 거란군이 쳐들어

왔지. 고려는 수적으로 많이 부족했는데도 불구하고 흥화진과 귀주에서 양규 장군이 큰 승리를 거뒀지.

1018년에 거란이 세 번째로 쳐들어왔어. 십만 대군을 이끌고 고려를 침략해 온 거야. 칠십 세의 나이에도 강감찬은 고려군을 이끌고 용감하게 나가 싸웠어.

흥화진 전투에서 밧줄로 가죽을 엮어 하천의 둑을 만들었지. 그 바람에 강 상류의 물이 줄어들었는데, 그걸 보고 거란군은 얕은 개천이라고 생각한 거야.

거란군이 개천을 건너려 하자, 강감찬은 막아 놓았던 물을 한꺼번에 내려보냈어. 깜짝 놀라 거란 군사들이 물에 빠져 허둥거리며 우왕좌왕하고 있을 때 공격을 해서 큰 승리를 거두었지.

그 후 고려군은 기습과 유인 작전을 펼치면서 방어를 튼튼하게 해 몇

강감찬의 흥화진 전투와 귀주 대첩

번에 걸친 공격을 잘 막아 내었어. 결국 거란군은 후퇴할 수밖에 없었는데, 이번에는 강감찬이 귀주 지역에 불던 거센 바람을 이용해 화살 공격으로 퍼부어서 큰 승리를 거두게 돼.

귀주에서 큰 승리를 했기 때문에 '귀주 대첩'이라고 부르지. 그 후 거란은 두 번 다시 고려를 공격하지 않았고, 두 나라는 마침내 평화로운 관계를 유지하기로 약속했어.

● **강감찬과 낙성대**

만약 지금 뉴스에서 우리 동네에 별이 떨어진다는 소식이 나온다면 다들 위험한 상황이라고 생각할 거야. 어쩌면 마을 사람들 전부 서둘러 대피를 해야 할지도 몰라. 그러나 천 년 전의 고려 사람들은 다르게 생각했던 것 같아.

낙성대 　　　　　강감찬 동상 　　　　강감찬장군낙성대유허비

강감찬이 지금의 서울시 관악구에서 태어날 때, 집에 큰 별이 떨어졌다고 해. 그래서 그 집 터를 떨어질 낙(落), 별 성(星), 집터 대(垈) 낙성대라고 불러.

강감찬이 실제로 살았던 생가 터는 낙성대역에서 그리 멀지 않아. 걸어가면 도보 오 분 정도 될까? 지금은 비석으로 금방 확인할 수 있어. 집들 사이의 공터에 커다란 돌 거북이 동상 위 비석에 '강감찬장군낙성대유허비'라고 씌어 있거든.

나라를 지키고 평안하게 하라!

강감찬을 만나기 위해 낙성대 공원에 먼저 가 보자. 칠십 세의 나이에도 위풍당당하게 높은 곳에서 말을 타고 칼을 휘두르는 모습이 인상적인 강감찬 동상은 낙성대 공원 한가운데에 있어.

홍살문

안국사

강감찬을 기억하기 위해 세운 사당인 안국사는 공원 광장 옆 홍살문(붉은 기둥 문) 너머에 있어. 나라를 편안하게 한다는 안국문(安國門)을 지나면 강감찬 생가 터에 있었던 3층 석탑과 '고려강감찬장군사적비'가 있지. 거기서 문을 하나 더 넘어 올라가면 강감찬의 영정(초상화)이 모셔져 있는 '안국사'가 있어.

그런데 '안국사'의 뜻은 무엇일까? 그래, 맞아! 안국사는 안국문처럼 '나라를 지키고 평안하게 했던 강감찬을 모신 사당'이라는 뜻이야. 역시, 하나를 아니까 다른 것도 척척 알아차릴 수 있구나.

● **강감찬 전시관 톺아보기**

낙성대 공원 내에 강감찬에 대해 더 자세히 알 수 있는 전시관이 새로 생겼어. 고려의 역사와 강감찬의 어렸을 때의 신비한 이야기 등 다양한 유물과 애니메이션을 보고 직접 경험해 볼 수 있거든. 몸으로 체험하면 더 오래 기억한다는 말이 있잖아. 강감찬 전시관이 바로 그런 곳이야. 작은 규모이지만 내용이 알찬 곳이라 우리 친구들 마음에 쏙 들 거야.

강감찬 전시관

고려 시대 갑옷도 직접 강감찬과 함께 출전하는 트릭아트 포토존에서 멋진 사진도 찍을 수도 있어. 또, 흰 종이에 쓱쓱 문지르면 낙성대 삼층석탑과 강감찬 동상이 나오는 탁본 체험, 그리고 강감찬 관련 스탬프도 찍을 수 있지.

갑옷   포토존

네 번째 도장_낙성대 공원 61

학교에서는 언제 배워?

초등학교 《사회》 4학년 1학기 2단원 〈우리 지역의 국가유산〉에서 지역마다 옛날 사람들이 남긴 흔적이 있다는 걸 배우고, 그 흔적을 보존하기 위해 어떤 노력을 기울여야 하는지 공부해. 그리고 5학년 2학기 1단원 〈옛사람들의 삶과 문화〉에서 거란의 침입과 극복 과정에서 강감찬의 귀주 대첩에 대해 배우지.

그건 왜 그래?

1. 강감찬이 태어난 곳으로, 별이 떨어진 터라는 뜻을 가진 곳은 어디일까?

2. 고려 시대에 거란이 침략해 왔을 때 홀로 적진으로 가서 외교 담판을 한 사람은?

3. 강감찬이 거센 바람을 이용한 화살 공격으로 거란에게 큰 승리를 거둔 전투는?

정답 1. 낙성대 2. 서희 3. 귀주 대첩

활동하기 — 강감찬 장군 스탬프 투어

아, 참! 강감찬 장군 스탬프 투어도 있어. 낙성대 공원 내 강감찬 전시관과 안국사의 스탬프 도장 찍기에 도전해 볼까?

STAMP1

STAMP2

STAMP3

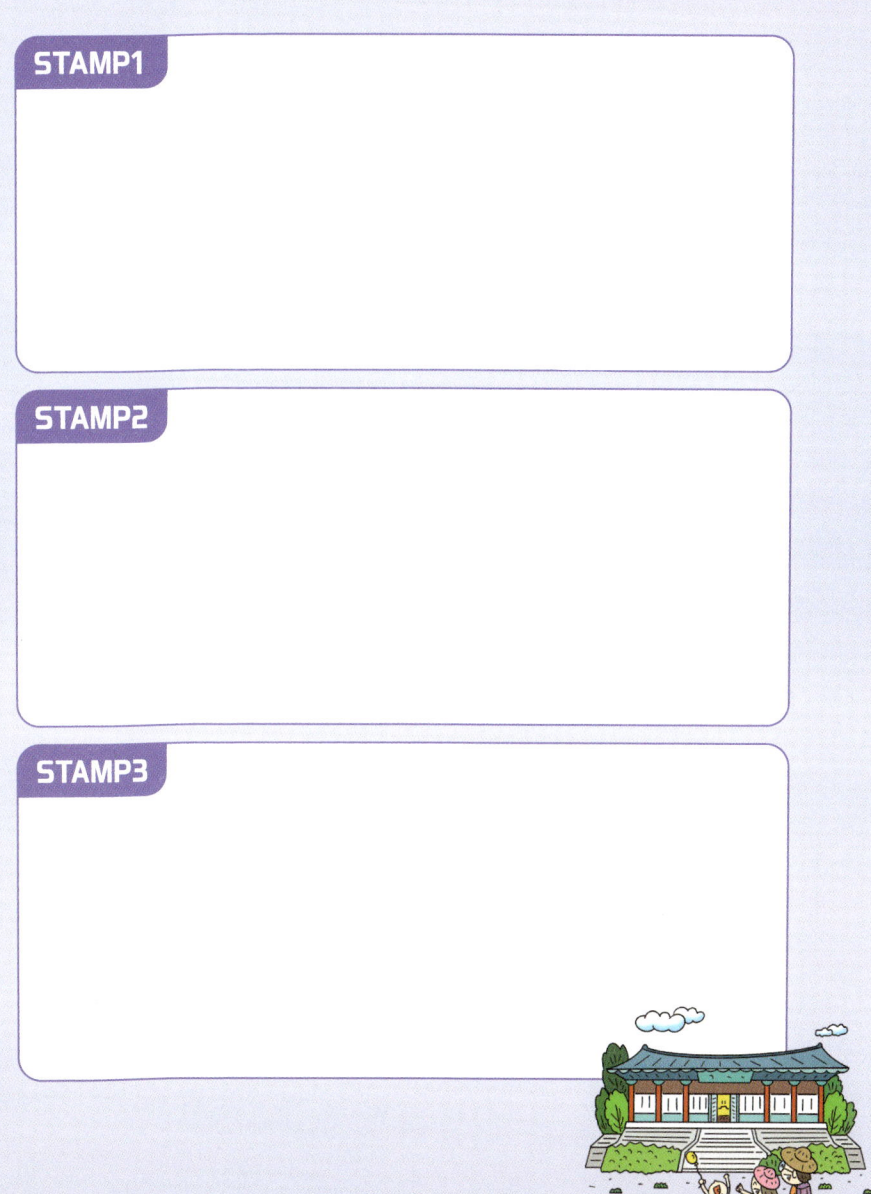

도장깨기 TIP

1 강감찬 전시관은 1~2월은 10시부터 17시, 3~12월은 10시부터 18시. 입장 시간은 관람 종료 삼십 분 전까지고, 휴관일은 1월 1일, 설날 당일, 추석 당일, 매주 월요일이야.

2 강감찬 전시관 앞마당에서 전통 놀이 체험도 할 수 있어. 투호 던지기, 제기차기, 팽이 돌리기, 딱지치기. 역사 공부도 하고 놀이도 하고. 이런 것을 두고 일석이조라고 해. (전통 놀이 체험 마당은 화~일 10시부터 16시까지. 월요일은 휴관이야.)

3 낙성대 공원 바로 옆에는 관악 문화 예절원이 있는데, 이곳에서는 주말에 가끔 전통 혼례 결혼식이 열려. 연지, 곤지를 찍고 족두리를 쓴 신부와 전통 한복을 입은 신랑의 결혼식은 드라마에서나 사진으로만 봤지? 운이 좋으면 이곳에서 직접 볼 수도 있어.

4 낙성대 공원과 안국사는 일 년 중 언제 방문해도 좋지만 가을 단풍이 너무 이쁜 곳이야. 빨간 단풍의 안국사의 모습은 얼마든지 기대해도 좋아.

5 낙성대 공원에는 작은 도서관이 있는데, 친구들이 좋아하는 다양한 책이 많이 있어. 낙성대 공원에서 놀다가 덥거나 추울 때 잠시 도서관에서 쉬면서 책을 읽는 것도 추천해. 평일은 18시까지, 주말은 17시까지 운영하니까 참고해.

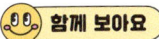 함께 보아요

서울시교육청 융합과학교육원

역사와 전통 놀이를 즐겼다면 이번에는 과학 놀이 어때? 낙성대 공원 바로 옆 서울시교육청 융합과학교육원에는 재미있는 과학을 만날 수 있어.

빙글빙글 도는 전향력 체험장, 함께 움직이는 공진 그네, 별자리를 볼 수 있는 천문대, 물을 이용한 놀이기구의 과학 원리 체험 등 모양이 특이하고 재미있고 다양한 과학 놀이를 즐길 수 있거든.

과학 창의력 여름 캠프 등 예약이 꼭 필요한 활동이 있으니, 홈페이지를 방문하여 미리 꼭 확인을 하고 가면 더 알찬 시간이 될 거야.

낙성대 공원

- 주소 : 서울특별시 관악구 낙성대로 77
- 입장료 : 무료
- 대중교통 : 지하철 2호선 낙성대역 도보 13분
  또는 낙성대역 4번 출구에서 마을버스 관악 02번 5분
- 주차장 : 낙성대 공원 바로 옆 관악구민 종합 체육 센터 주차장 이용 가능, 5분 250원, 카드 결제만 가능(현금 결제 불가)

나라에서 제일 중요한 것은 무엇일까? 민주주의 국가인 우리나라에서는 나라의 주인이라고 할 수 있는 국민이 제일 중요하다고 생각해. 그런데 조선 시대에도 그랬을까? 다 알다시피, 그때는 임금이 있었잖아. 아무래도 임금이 많은 것들을 결정했겠지? 조선의 첫 번째 임금 태조 이성계와 신하들은 무엇을 가장 중요하게 여겼는지 알아보러 가 보자.

다섯 번째 도장
종묘 사직단

1392년에 이성계와 신하들은 고려를 무너뜨리고 새로운 나라 조선을 세웠어. 사실 이성계와 함께 조선을 세운 신하들은 모두 고려의 신하였지. 혼란스럽기 짝이 없는 고려 말기의 상황에서는 더 이상 희망이 없다고 여겼던 것 같아. 그래서 뜻을 같이하는 사람들이 모여서 유교와 백성을 근본으로 하는 조선을 건국한 거야.

새로운 나라 조선의 도읍지, 한양

새로운 나라 '조선'을 세우기로 한 이성계와 신하들은 가장 먼저 도읍을 정하려고 했어. 고려의 수도였던 개경 대신 새로운 뜻을 펼칠 수 있는 곳으로 옮기고 싶어 했거든. 신하들은 새 수도를 찾으러 전국을 돌아다녔지. 처음에는 충청도의 계룡산 주변이 유력한 후보지로 떠올랐다고 해.

그 무렵 이성계는 무학 대사란 스님을 몹시 존경하고 있었어. 그래서 중요한 일이 있을 때마다 의견을 묻고 그대로 따르곤 했다지?

무학 대사가 남경(지금의 서울)을 돌아다니다가 어떤 노인을 만나게 되었는데……. 글쎄, 그 노인이 10리(4킬로미터)를 더 가면 좋은 곳이 나온다고 알려 주었다나 봐. 그곳이 바로 지금의 북악산 밑, 경복궁 주변이야.

신하들은 머리를 맞대고 오래오래 회의를 했어. 그러고 나서 최종적으로 그곳을 수도로 정하게 되었지.

그리고 무학 대사가 노인과 만났던 곳을 왕십리(10리를 더 가세요)라고 부르고 있어, 지금까지도……. 또, 무학 대사가 작은 봉우리에 올라 서울

이 도읍으로 적당한지 살폈다고 해서, 그 봉우리를 무학봉이라고 부르고 있지.

종묘와 사직이 뭐야?

한양은 삼국 시대나 고려 시대에도 지리적으로 매우 중요한 곳이었어. 사실 한반도의 중심이라고 할 수 있잖아. 그렇다면 태조 이성계가 수도를 한양으로 옮긴 뒤에 가장 먼저 한 일은 무엇일까? 바로 종묘와 사직을 짓는 거였어. 종묘와 사직이 대체 뭐길래, 왕이 지낼 궁궐보다 먼저 세우려고 했을까?

　종묘는 돌아가신 조선의 왕과 왕비의 신주를 모시고 제사를 지내는 왕실의 사당이야. 유교를 근본 이념으로 삼은 조선에서는 돌아가신 부모에게 제사 지내는 것을 매우 중요한 효(孝)라고 생각했어. 그러니까 종묘는 왕들의 뿌리를 상징하는 시설인 셈이지.

　사직은 토지의 신인 사(社)와 곡식의 신인 직(稷)에게 제사 지내는 공간을 가리켜. 조선은 대부분의 백성들이 농사를 지어 먹고사는 농업 국가였어. 그만큼 토지와 곡식은 나라와 백성 모두에게 아주아주 중요했지. 그래서 나라에서 특별히 관리까지 했던 거야.

　이성계와 정도전은 유교 건축 이론에 따라 궁궐인 경복궁을 중심으로 동쪽에 종묘를, 서쪽에 사직단을 세웠어.

　아, 정도전이 누구냐고? 음, 조선 건국의 일등 공신이야. 조선을 세울 때 이념적 바탕을 마련하고 체제를 정비하여 조선의 기틀을 다졌지. 한마디로, 조선을 설계한 사람이라고 할 수 있어. 한양 시내의 전각(임금이나 왕족이 사는 큰 건물)과 거리 이름도 정도전이 거의 다 지었다고 해.

● **왕과 왕비의 신주를 모신 곳, 종묘**

우리나라 목조 건축물 가운데서 제일 긴 건물은 무엇일까? 바로 종묘의 정전이야. 정전은 무려 건물의 길이가 101미터야. 100미터 달리기를 할 수도 있는 건물인 셈이지.

물론 이곳에서 달리기를 하면 무지무지 혼날 거야. 조선의 왕과 왕비의 신주를 모신 엄숙한 공간이거든.

처음에는 조선의 첫 번째 왕 이성계의 아버지와 할아버지, 증조할아버지, 고조할아버지 4대 할아버지의 신주를 모셨기에 이렇게까지 크지는 않았어. 원래 일곱 칸짜리 건물이었는데……. 조선의 역사가 얼마야? 오백 년이 넘잖아. 그만큼 이곳에 모셔야 할 왕들의 신주가 많아졌지. 그래서 한 칸씩 건물을 옆으로 늘려 짓다 보니 지금은 무려 열아홉 칸이나 된 거야.

신주는 죽은 사람의 영혼을 모시는 나무로 만든 패인데, 효와 예의를 아주 중요하게 생각하는 유교에서는 매우 의미 있는 것이야.

참, 임진왜란 알지? 1592년에 일본이 우리나라로 쳐들어온 전쟁…….

종묘 정전 설경

　조선을 전기와 후기를 가르는 기준이 될 만큼 큰 전쟁이었잖아. 그때 조선의 14대 임금이었던 선조는 왜적이 밀고 들어오자 궁궐과 백성을 버리고 허겁지겁 피난을 갔어.

　그 다급한 순간에도 신주를 챙겨 갔다지? 그만큼 신주를 국가와 왕들의 뿌리라 여겨 중요시했던 거지.

　종묘의 정전은 건축 방식이 매우 독특하고 보존 상태가 아주 뛰어나다고 세계적으로 평가받았어. 1995년에 우리나라 최초로 유네스코 세계 문화유산으로 등록되었거든. 또, 조선 왕실의 상징성과 한국 전통적인 유교 사상을 유지하고 있다고 인정받아서 국가의 보물 국보로도 정해졌지.

● 역사가 길면 건물의 크기도 점점 커져

　그런데 종묘의 정전을 무한정 계속 늘려 갈 수는 없잖아. 지금의 임금이 돌아가셔서 정전에 모시게 되면, 그 앞의 4대조 할아버지 왕과 왕비의 신주를 옆에 있는 건물인 영녕전으로 옮기곤 했어.

종묘와 사직이 뭘까?

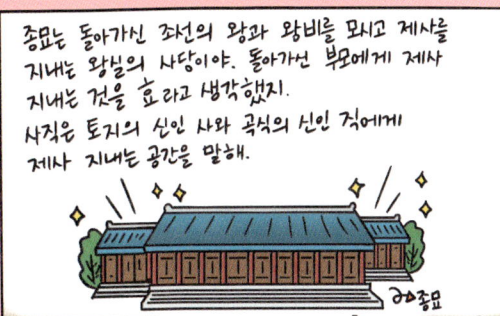

이것도 완전한 대책은 되지 못했지. 조선의 역사가 길어지면서 종묘에 모실 임금의 수가 자꾸자꾸 늘어났으니까. 결국 정전과 함께 영녕전 규모가 계속 커지게 되었고, 지금의 영녕전도 열여섯 칸이나 되는 큰 건물이 되었어.

종묘에서 가장 중요한 정전으로 가는 길은 삼도로 이루어져 있어. 삼도는 넓은 돌판으로 된 길이 세 갈래로 나눠져 있어. 그중에서 가운데 부분이 양옆보다 약간 높아. 가운데의 가장 높은 길을 신향로(神香路)라고 부르는데, 이름에서 알 수 있듯이 제사를 지낼 때 향로를 들고 가는 길이야.

왕릉에서도 이런 길을 볼 수 있어. 죽은 왕의 영혼(신)이 가는 길이라고 해서 신도(神道)라고 부르지. 삼도에서 가운데 옆 동쪽의 낮은 길은 어로(御路)라고 부르는데, 임금이 다니는 길이야. 그렇다면 서쪽에 있는 길은? 이름이 세자로야. 그 길로 누가 다니는지 짐작이 가지? 이름에서 딱 보이잖아.

종묘 삼도

종묘 영녕전

이것이 바로 종묘 제례!

그거 알아? 종묘에는 유네스코 세계 무형 유산이 두 개나 더 있다는 것! 종묘가 역대 왕과 왕비의 영혼을 모신 신주에 제사 지내는 사당이라고 했잖아.

종묘 제례는 종묘에서 거행하는 제사를 가리켜. 조선의 역대 왕을 위한 제사이기에 격식을 아주 높여 대제(大祭)라고 부르는데, 이 종묘 제례 행사가 2001년에 유네스코 세계 무형 유산으로 지정되었어. 세계에서도 인정할 만큼 문화적 가치가 높다는 뜻이지.

조선 시대에는 해마다 봄, 여름, 가을, 겨울의 첫 번째 달에 제사를 지냈어. 이걸 정시제라고 해. 나라에 특별한 일이 있을 때도 종묘 제례를 열었고. 지금은 일 년에 한 번, 그러니까 매년 5월 첫 번째 일요일에 열리고 있지.

종묘 제례   종묘 제례악

다섯 번째 도장_종묘 사직단

● 가장 조선다운 음악, 종묘 제례악

종묘 제례를 진행할 때 그 의미를 더하기 위한 노래와 함께 음악을 연주하고 춤을 추어. 이것을 종묘 제례악이라고 불러. 오백 년을 이어 온 전통 음악인 셈이지. 이 종묘 제례악 역시 2001년에 유네스코 세계 무형 유산으로 지정되었어.

참! 종묘 제례악을 누가 만들었는지 알아? 바로 한글을 창제한 세종 대왕이야. 세종 대왕은 음악 분야에도 매우 뛰어난 능력을 가지고 있었어. 특히, 궁중 음악의 주요 악기인 편경을 제작해서 시연회를 열 때, 세종 대왕만이 유일하게 악기의 음정이 맞지 않다는 걸 알아챘다고 해. 그래서 어쨌냐고? 당연히 악기를 고쳐서 음정을 맞추었지.

세종 대왕은 중국에서 건너온 음악을 그대로 쓰기보다는 우리나라만이 가진 고유한 특성을 담아내려 애썼어. 그래서 〈정간보〉라는 악보를 만들고, 우리나라에 딱 맞는 종묘 제례악도 만든 거야.

토지와 곡식의 신에게 제사를, 사직단

혹시 '농자천하지대본(農者天下之大本)'이라는 말 들어 봤니? 농사가 천하에서 가장 중요한 근본이라는 뜻이야. 옛날에는 농사를 주로 짓고 살았기 때문에 곡물을 심고 거두는 일이 제대로 되어야 백성들의 삶이 풍요로웠어. 그때나 지금이나 국민의 생활이 안정되어야 나라가 평안해지는 거지. 임금의 자리에서도 그만큼 농사일에 관심을 가지고 힘을 써야 한다는 얘기야.

이성계가 왜 한양을 도읍으로 정한 뒤, 종묘와 사직단을 가장 먼저 만들었는지 알겠지? 조상들에게 제사를 지내는 것만큼이나 토지와 곡식의 신에게 풍요를 기원하는 일도 중요했던 거지.

사직단은 두 겹의 담장으로 둘러싸여 있는데, 네 방향에 붉은 기둥을

사직단 정문

세운 홍살문이 서 있어. 홍살문은 악귀를 물리치고 경건함을 나타내기 위해 세운 것이야. 여기 말고도 옛날 건물에서 흔하게 볼 수 있지.

사직단

토지의 신인 사(社)에게 제사 지내는 사단은 동쪽에, 곡식의 신인 직(稷)에게 제사 지내는 직단은 서쪽에 두었어. 모두 납작하고 평평한 네모 모양이야.

조선 시대 동안에는 이토록 성스러운 공간이었지만, 일제 강점기 때 많이 훼손되었어. 일본은 우리의 정신이 깃든 곳부터 없애려고 애를 썼잖아. 다행히 얼마 전부터 예전 모습을 되찾기 위해서 복원 사업을 진행하고 있으니까, 곧 조선 시대의 모습을 볼 수 있을 거야.

학교에서는 언제 배워?

초등학교 《사회》 4학년 1학기 2단원 〈우리 지역의 국가유산〉에서 국가유산의 종류를 알아보고, 그것이 지니는 가치를 공부해. 그리고 5학년 2학기 1단원 〈옛사람들의 삶과 문화〉에서 조선의 건국과 기틀을 세우는 과정을 배우면서 조선 시대 사람들이 어떤 것을 가장 중요하게 생각했는지를 알 수 있어.

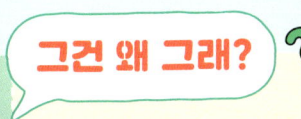

1. 조선을 세우고 훗날 태조로 불린 사람은 누구지?

2. 종묘는 누구를 모시는 공간이지?

3. 사직은 누구에게 제사를 지내는 곳일까?

4. 전 세계 인류가 기억하고 보존할 가치가 있다고 인정된 문화유산을 의미하는 말은?

정답: 1. 이성계 2. 역대 왕과 왕비 3. 토지신과 곡식신 4. 유네스코 세계 문화유산

활동하기 — 국가유산 방문자 여권 스탬프 투어

문화재청과 국가유산진흥원에서 운영하는 '국가유산 방문 캠페인' 국가유산 방문자 여권 스탬프 투어에 참여해 봐. 홈페이지를 방문하여 국가유산 여권을 신청하여 여러 국가유산 투어를 한번 떠나 볼까?

여기에도 좋요 방문 국가유산 스탬프를 찍어 봐!

1 '국가유산진흥원'과 '궁중 문화 축전 (봄/가을)' 홈페이지에서 종묘 대제, 종묘 제례악 공연 등 종묘뿐만 아니라 조선 왕조와 관련된 다양한 행사, 공연, 교육 프로그램 등 일정을 확인하고 예약할 수 있으니까 얼른 확인해 봐.

2 종묘는 역대 왕과 왕비를 모신 공간이라서 조용하게 관람을 해야 해. 알지?

3 종묘는 한 시간 간격으로 문화 해설사와 함께 시간제 관람을 할 수 있어. 홈페이지에서 미리 예약을 하는 거 잊지 말고. 음, 자유 관람을 하려면 토·일요일, 공휴일, 매월 마지막 수요일(문화가 있는 날)에 방문해야 해.

4 종묘는 한복을 입고 가면 무료 관람이야. 조선 시대로 타임 슬립하는 마음으로 한복을 입어 보는 거 어때? 세계에서도 인정하는 문화유산인 종묘에서 사진을 멋지게 찰칵!

5 사직단 주변에 있는 사직 공원에 가 보는 것도 좋아. 어린이 놀이터와 함께 편안하게 휴식할 수 있는 나무랑 벤치도 있으니까, 가족이나 친구와 함께 좋은 시간을 보낼 수 있어.

6 경복궁역(지하철 3호선)과 사직단 사이에 '세종 음식 문화 거리'가 있는 거 아니? 이참에 맛집 투어를 해 보는 것도 좋겠지?

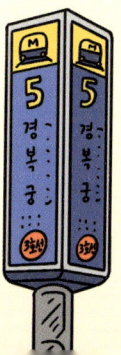

 함께 보아요

선농단

사직단과 비슷한 역할을 했던 곳이 또 하나 있어. 지금의 동대문 밖 제기동 쪽에 있는 선농단이야. 이곳에서 고대 중국의 제왕인 신농씨와 후직씨에게 백성들이 농사짓는 시범을 보이면서 농사의 소중함과 농민에 대한 고마움을 알리는 의식이 열렸다고 해.

해마다 봄이 시작하는 시기(경칩)가 되면 왕이 직접 제사를 지내고 농민들과 함께 밭을 갈았다나 봐. 제사가 끝나면 막걸리를 선농단 옆 향나무 주변에 뿌렸다지? 그래서 향나무 나이가 오백 살 이상으로 추정되고 있어. 지금은 천연기념물로 잘 보존되고 있지.

 함께 먹어요

설렁탕

혹시 설렁탕 좋아하니? 소고기로 끓인 따뜻한 국물에 밥을 말아 김치와 곁들여 먹으면 속이 든든해지는 설렁탕. 사실 설렁탕의 유래는 여럿이 있는데, 그중에 선농단과 관련된 이야기가 있어.

선농단 제사가 끝난 후 제단에 올렸던 소고기를 큰 솥에 넣고 팔팔 끓인 국에 밥을 말아서 제사에 참여한 이들 가운데 60세 이상의 어르신들에게 대접했다고 해. 선농제에서 먹은 이 국을 선농탕이라고 불렀고, 그것이 지금의 설렁탕으로 이어졌다는 거야.

종묘

- 주소 : 서울특별시 종로구 종로 157
- 입장료 : 25~64세 1,000원(24세 이하, 65세 이상 무료)
- 대중교통 : 지하철 1·3·5호선 종로3가역 11번 출구 도보 5분
- 주차장 : 종묘 앞 종묘 공원 지하(10분 800원)
- 관람 안내 : 시간제 해설 관람 홈페이지 예약 / 화요일 휴관
　　　　　　(한국어 09:20부터 16:20까지 1시간 단위 / 해설 50분)
　　　　　　10인 미만 개인 관람객 별도 예약 없이 현장 구매 해설 참여 가능
　　　　　　영어, 일본어, 중국어 해설(외국인 동반 시 가능)
　　　　　　매주 토·일, 매월 마지막 수요일(문화가 있는 날), 명절 및 국경일 자유 관람 가능

사직단

- 주소 : 서울특별시 종로구 사직로 89
- 입장료 : 무료
- 대중교통 : 지하철 3호선 경복궁역 도보 6분
- 주차장 : 없음

조선 시대는 오백여 년이나 이어졌기에 우리나라 역사에서 매우 큰 의미를 가져. 사실 전통 문화라고 하면 대부분 조선 시대를 떠올리잖아. 조선 왕조를 상징하는 것에는 여러 가지가 있는데, 그중 하나가 바로 궁궐이야. 이번에는 그 가운데서 대표격이라 할 수 있는 경복궁으로 가 볼까?

여섯 번째 도장
경복궁

경복궁의 뜻은 무엇일까? 경(景)은 '크다'는 의미이고, 복(福)은 '행복'이란 뜻이야. 그러니까 경복궁은 하늘이 내린 큰 복을 가진 궁궐이라는 얘기지.

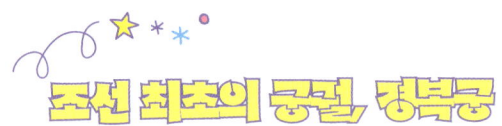

조선 최초의 궁궐, 경복궁

조선을 건국한 태조 이성계와 정도전, 그리고 신하들이 한양에 첫 번째로 세운 궁궐이니까, 새롭게 세운 나라에 큰 복이 깃들기를 바라는 마음에서 지은 이름이야. 각 건물의 위치와 이름도 유교적 이념에 따라 지었다고 해.

경복궁의 정문, 광화문

　우리가 어느 장소 또는 건물에 들어가려면 정문을 찾아야 하잖아? 경복궁의 정문은 어디게? 바로 남쪽에 있는 광화문이야. 지금은 광화문을 통해 경복궁에 입장할 수 없지만……. 그래도 여전히 광화문은 경복궁의 얼굴이라 할 수 있어.

　광화문(光化門)은 경복궁을 처음 지을 때부터 있었는데, '빛이 널리 비춘다'라는 뜻이야. 세종 때 집현전 학자들이 이름을 지었다고 해.

　음, 광화문은 우리나라의 역사를 한눈에 보여 주는 것 같아. 조선의 건국으로 화려하게 등장해서 조선 왕조와 궁궐의 상징적으로 당당한 역할을 했지. 국가와 왕실의 주요 행사가 열리면 광화문 앞에서 왕과 신하들이 백성들과 만나기도 했고, 광화문 월대에서 수문장 교대식으로 백성들에게 위엄을 주기도 했거든.

광화문

광화문 앞쪽의 거리는 육조와 여러 관청들이 모여 있는 거리라고 해서 '육조 거리'라 불렀어. 육조가 뭐냐고? 조선 시대의 중앙 행정 기관을 말해. 《경국대전》에 따르면, 이조(문관 인사), 호조(재정, 세무, 경제), 예조(의식, 교육, 외교), 병조(국방, 군사), 형조(소송, 형법), 공조(건축, 수공업, 항만)를 가리켜. 각 조의 수장인 판서는 정2품인데, 지금으로 치면 장관쯤 돼.

● 파란만장한 역사의 빛과 그림자

광화문은 우리나라 역사와 경복궁의 운명을 가장 대표적으로 보여 줘. 임진왜란 때 경복궁이 불타면서 광화문도 같이 불타 없어졌거든. 1592년에 임진왜란이 일어났을 때, 선조는 백성들에게 피난 가라는 말도 없이 몰래 도망치듯 경복궁을 떠나 버렸어.

그래서 왕에게 버림받은 백성들이 화가 나서 경복궁을 불태워 버렸다는 이야기도 있고, 그게 아니라 왜군들이 불을 질렀다는 이야기도 있어. 뭔가 파란만장한 느낌이 흠씬 나지?

임진왜란 때 불타 없어졌던 경복궁과 광화문은 한동안 모습을 볼 수

없었어. 역사의 뒤안길로 사라졌다고 해야 할까? 임진왜란에 이어 병자호란까지 일어나자, 큰 전쟁을 두 차례나 겪은 조선으로선 궁궐을 다시 지을 비용과 노동력, 그리고 시간적 여유가 없었거든.

이백칠십여 년의 시간이 흘러 1865년이 되어서야, 고종의 아버지 흥선 대원군이 권력의 중심에 앉으면서 왕권을 강화하기 위해 경복궁을 새로 짓기 시작했어. 그때 광화문도 다시 지었지.

그 덕분에 지금 웅장한 경복궁과 멋있는 광화문을 다시 볼 수 있게 되었지만, 그 당시에는 여러 가지 문제들이 있었어. 많은 나무와 비용이 필요한 데다, 오랜 기간 공사에 참여한 백성들이 힘들고 지쳐서 불만이 하늘을 찔렀다지 뭐야. 백성들이 경복궁을 지으면서 고단함을 떨어 내고자 부른 〈경복궁 타령〉이 지금도 전해지고 있어.

1910년, 조선은 일본에 나라를 빼앗기게 돼. 일본은 조선의 상징이라 할 수 있는 경복궁부터 훼손하기 시작했어. 여러 채의 건물을 헐어서 팔기도 하고, 심지어 몇몇 건물을 없애 버리기도 했지.

급기야 그 앞에 엄청난 크기의 조선 총독부 건물을 짓고서 광화문을 북쪽으로 옮겨 버려서 사람들이 더 이상 경복궁을 볼 수 없게 만들기도 했다고 해. 그래서 지금 한창 경복궁 복원 사업을 진행하고 있는 거야. 흠, 경복궁의 온전한 모습을 언제쯤 볼 수 있을까?

경복궁의 두 번째 문, 흥례문

머릿속으로 광화문을 지나 경복궁으로 들어가는 장면을 상상해 볼까? 경복궁 안으로 들어가서 처음 만나는 것은 경복궁의 두 번째 문인 흥례문이야. '예를 일으킨다'라는 뜻인데, 유교 국가인 조선에서는 예를 매우 중요하게 여겼어.

흥례문을 지나면 금천(禁川)이 흘러. 이 금천은 임금과 백성의 공간을 구분한다는 의미야.

● 천록과 함께 금천을 지키다, 영제교

금천 위 다리는 영제교라고 불러. 정교하고 아름다운 연잎 모양의 기둥이 특별한 공간이라는 것을 알려 주지. 또한, 천록(하늘의 사슴)이라는 상상의 동물상이 영제교 옆에 있어서 사악한 것으로부터 금천을 지켜 주고 있어.

흥례문   영제교

천록은 임금님이 나라를 잘 다스려서 백성들이 평안할 때 나타난다고 해. 그래서 '태평성대'를 상징하지. 임금님과 신하들은 아마도 이 천록을 보면서 정치를 잘하고 백성들을 잘 다스려야겠다고 생각했을 거야.

경복궁의 대표 건물, 근정전

영제교 너머 근정문을 지나면 경복궁의 대표 건물 근정전을 만날 수 있어. 근정전은 국가의 중대한 의식을 거행하거나 외국의 사신을 맞이하는 왕의 공식 공간이야. '백성과 나라를 위해 부지런히 정치를 하라'는 뜻을 지녔지.

근정전 앞에는 많은 신하들이 참석할 수 있는 넓은 뜰이 있어. 단 위에 이층짜리 건물로 웅장하게 지어 왕의 위엄을 제대로 보여 주지. 뜰에는 정1품부터 종9품까지 품계석이 있어. 신하들이 품계에 맞춰 서 있을 수 있도록 한 거야.

조선을 세운 뒤 중국과 일본 등 여러 나라의 외국 사신을 맞이하는 태조 이성계의 모습을 떠올려 봐.

웅장한 궁궐과 크고 작은 건물에서 신하들이 줄지어 서서 손님을 맞이하며 큰 행사를 치르는 모습이 얼마나 장관이었을지 짐작이 가니?

● 왕위 즉위식은 근정전에서

근정전에서 왕위 즉위식도 열렸어. 조선의 네 번째 왕인 세종을 비롯해서 여러 임금이 이곳에서 왕위에 올랐지. 머릿속에 세종 대왕이 즉위식 하는 장면을 한번 떠올려 볼까?

화려한 복장의 세종이 등장하자 신하들이 공손하게 머리를 조아리며 새 임금에게 인사를 드려. 세종은 "하늘을 공경하고, 백성을 사랑하며, 나라를 평안하게 다스리겠노라."고 즉위 교서를 발표하지. 교서는 지금의 선서와 같아. 우리가 너무나 존경하는 세종 대왕의 역사는 바로 근정전에서 시작되었던 거야.

근정전에서 여러 행사를 진행해야 했기 때문에 햇볕을 가리는 천막은 필수였어. 천막을 칠 때 사용하는 차일 쇠고리를 근정전 앞뜰 여기저기에서 발견할 수 있을 거야.

캠핑 가서 텐트 칠 때를 생각해 봐. 천막을 고정하자면 줄과 바닥을 잇는 고리가 있어야 하잖아. 궁궐에도 그런 것이 있는 셈이야. 모두 몇 개나 있는지 찾아볼까?

이층의 월대에는 방향과 시간을 알려 주고 지켜 주는 여러 동물 모양

근정전

조각이 있어. 근정전뿐만 아니라 경복궁은 대부분 나무로 만든 건축물이어서 불을 매우 조심해야 해. 괴상하게 생긴 화마(불귀신)가 물에 비친 자기 모습을 보고 멀리 달아나라는 의미가 담긴 '드므'의 물은 실제로 불을 끄기 위한 용도로 쓰였다지.

품계석　　　차일 고리　　　주작　　　드므

● 임금의 생각 장소, 사정전

근정전이 공식 행사 등을 위한 약간 특별한 공간이라면, 임금님이 평소에 가장 많이 있는 곳은 사정전이야. 백성을 위한 정치를 어떻게 펼칠지 고민하고, 신하들과 회의를 하거나 공부를 하는 공간. 그래서 이름이 생각할 사(思), 정치 정(政) 큰 집 전(殿)이야.

사정전은 임금님의 사무실 또는 집무실이라고 할 수 있어. 세종의 아들이면서 조선의 5대 임금인 문종은 어려서부터 책 읽고 공부하는 것을 좋아했어. 세자 시절에는 장영실 등 신하들과 함께 비의 양을 재는 측우기를 만드는 데 큰 역할을 했다고 해. 이러한 성격은 임금이 되어서도 변하지 않았지.

유네스코 세계 기록 유산인 《조선왕조실록》에 따르면, 문종은 매일

사정전

아침마다 사정전에서 나랏일에 결재를 하고, 신하들을 만나서 토의하고, 갖가지 경연을 열었다고 해. 경연이 뭐냐고? 음, 조선에서는 왕이 되어서도 열심히 공부를 해야 하는데, 바로 신하들과 유학을 공부하고 정치를 연구하며 토론하는 것을 '경연'이라고 해.

앙부일구

사정전 오른쪽 앞에는 세종 때 만든 해시계 앙부일구가 있어. 태양의 위치에 따른 그림자로 당시 시간을 알 수 있었던 것이니 지금 몇 시인지 한번 맞혀 볼까?

임금도 휴식이 필요해, 강녕전

임금은 어디에서 잠을 자고 쉴까? 아침부터 일찍 일어나 공부하고 신

강녕전

하늘과 회의하고 피곤한 왕의 침실은 사정전 바로 뒤편 건물인 강녕전이야.

건강할 때의 편안할 강(康), 안녕할 때의 녕(寧), 집 전(殿)으로 근심 걱정 없이 안녕하라는 뜻의 건물로 왕의 일상을 보내는 공간이야.

특이한 점은 경복궁 내의 다른 건물과 달리, 강녕전 지붕 중앙에는 '용마루(지붕 가운데에 있는 가장 높은 마루)'가 없어. 왜 그럴까? 임금이 자는 공간 위에 용이든 뭐든 있어서는 안 된다고 생각한 걸까? 건축학적으로는 용마루가 매우 무겁기 때문에 자다가 화를 당하는 일을 막기 위해서라는 주장도 있어. 친구들의 생각은 어때?

강녕전은 임금의 사적인 공간이기에 왕실 가족이나 몇 명의 신하들을 불러서 작은 연회를 베풀곤 했어. 세조는 이곳에서 왕비의 생일 축하 잔치를 열어 주었다고 해. 이런 걸 보면 옛날 임금도 제법 스윗했나 본데? 그치?

교태전

● **왕비의 생활 공간, 교태전**

지금까지 임금의 공간을 보았다면 이제는 왕비의 공간을 찾아보자. 강녕전 바로 뒤편에 있는 교태전이 바로 왕비가 생활하던 곳이야.

여기에도 지붕에 용마루가 없어. 왕이 왕비와 함께 잠을 자는 건물이어서 그런가 봐. 경복궁 안의 다른 건물들과 비교해 보는 것도 재미있을 것 같지?

교태전 굴뚝

교태전은 하늘과 땅의 기운을 상징하는 클 태(泰), 조화롭고 화합하는 사귈 교(交), 집 전(殿)의 의미가 있어. 왕이 있던 시대에는 왕과 왕비를 하늘과 땅으로 비유하고, 그들이 잘 지내야 나라가 안정된다고 믿었기 때문인가 봐.

참, 교태전 뒷마당은 꼭 가 봐야 해. 막상 왕과 결혼을 하고 나면 왕비가 궁궐 밖으로 외출하기가 무척 힘들어지거든. 그래서 가족이나 친구들을 만나기 힘든 왕비를 위해 아름다운 후원을 꾸며 놓았어. 아마도 우리나라에서 제일 아름다운 뒤뜰일 거야.

조선 최고의 연회장, 경회루

경복궁 내에서 가장 경치가 좋은 곳은 어디일까? 사람마다 취향은 다르겠지만, 많은 사람들이 경회루를 으뜸으로 꼽을걸.

경회루

경회루는 연못에 지은 이층 건물이야. 경(慶)사스러운 연회(會)가 열리는 누(樓)라는 뜻인데, 말 그대로 연못 위에서 잔치를 여는 장소라고 생각하면 돼. 왕의 가족이나 신하들과 함께 맛있는 음식 먹고, 기분 좋은 음악 연주를 들으면서 멋진 경치를 볼 수 있는 곳이야.

● '흥청망청'이란 말이 경회루에서 생겨났다고?

이렇게 멋진 경회루도 경복궁의 다른 건물과 똑같이 화재의 위험을 피해 갈 수는 없었어. 임진왜란 때 불타 없어졌거든. 고종이 다시 지을 때, 경회루를 불에서 지켜 달라는 뜻으로, 연못에다 청동으로 만든 용 두 마리를 넣었다는 기록이 있어.

실제로 1997년에 경회루 연못 공사를 하기 위해 물을 뺐을 때, 청동으로 만든 용이 하나 발견되어서 사람들을 깜짝 놀라게 했지. 이 청동 용은 지금 국립 고궁 박물관에 전시되어 있어.

이 아름다운 경회루를 잘못 이용한 왕도 있었어. 외국 사신을 맞이하거나 국가의 경사, 또는 가뭄이 들면 비가 오게 해 달라고 기원하는 공적인 장소인데, 개인적으로 노는 장소로 사용했던 임금이 있거든.

바로 연산군이야. 백성과 나라를 위한 신하들과 공부하고 토론하고 정치하기보다는 술 마시고 춤추고 노래 부르며 노는 것을 더 좋아했지. 심지어 조선의 국립 대학교라고 할 수 있는 성균관의 학생들도 내쫓아 버리고, 할아버지였던 세조가 만들었던 원각사(절)도 없애 버렸어.

연산군은 함께 놀던 기생 여성들을 '흥청'이라고 불렀는데, 경회루 앞에 있는 연못에 배를 띄우고 흥청을 불러서 자주 잔치를 열었다고 해.

결국 연산군은 신하들에 의해 왕의 자리에서 쫓겨나게 되는데, '흥청'

과 놀다가 결국 망했다고 해서 '흥청망청'이라는 말이 생겨났다나.

경회루 이층은 높고 뻥 뚫린 공간이라 멀리 북악산과 경복궁의 멋진 경치를 한눈에 볼 수 있어. 마치 타임머신을 타고 시간을 거슬러 올라가, 조선 시대 왕족이나 신하가 된 듯한 느낌을 즐길 수 있지.

꼭 올라가지 않더라도 경회루를 배경으로 연못가에서 사진을 한번 찍어 봐. 어느 각도에서 찍어도 아주 멋지고 이쁜 인생 사진이 나올걸.

학교에서는 언제 배워?

초등학교 《사회》 3학년 1학기 2단원 〈일상에서 만나는 과거〉에서 우리 주변에 남아 있는, 옛날 사람들이 사용했던 건축물이 매우 중요한 역사 자료라는 사실을 공부하게 돼. 그들이 어떻게 살았는지, 또 무슨 일이 있었는지를 알려 주거든. 5학년 2학기 1단원 〈옛사람들의 삶과 문화〉에서는 조선을 건국한 이성계와 신진 사대부들이 한양 도성과 궁궐을 어떻게 세웠는지에 대해 배워.

그건 왜 그래?

1. 하늘이 내린 큰 복을 가진 궁궐이라는 뜻을 가진 곳은 어디일까?

2. 광화문과 경복궁은 언제 불타 사라졌을까?

3. 다른 건물에는 있고 강녕전과 교태전에는 없는 것은 무엇일까?

4. 사방이 뻥 뚫려 있어서 북악산과 경복궁의 멋진 경치를 한눈에 볼 수 있는 곳은?

정답: 1. 경복궁 2. 임진왜란 때 3. 용마루 4. 경회루

활동하기 | 국가유산 방문자 여권 스탬프 투어

문화재청과 국가유산진흥원에서 운영하는 국가유산 방문자 여권 스탬프 투어 중 '왕가의 길' 코스에서 <한양에 세운 조선 왕조 최초의 궁궐-경복궁> 스탬프 인증을 해 보자.

여기에 경복궁 스탬프를 찍어 봐!

도장깨기 TIP TIP TIP

1 경복궁 전체를 가장 잘 볼 수 있는 곳 중의 하나가 광화문 앞에 있는 '대한민국 역사 박물관' 8층 옥상 정원이야. 광화문부터 근정전까지 일직선으로 배치된 경복궁의 전체 구조를 볼 수 있어. 멀리 북악산을 배경으로 한 멋진 풍경에 반할지도 몰라. 준비 단단히 해.

2 근정전 월대에서 방위를 알려 주는 4신(북-현무, 남-주작, 동-청룡, 서-백호) 동물상과 한 해를 상징하는 띠인 12지신 동물상 중에 어떤 것이 있는지 찾아봐.

3 경회루는 4월 1일부터 10월 30일까지 육 개월 동안 관람할 수 있어. (7월은 휴관) 문화재청 경복궁 관리소에서 특별 관람 예약을 할 수 있으니까 꼭 신청해 봐.

4 경복궁은 한복을 입고 가면 무료 관람이야. 한복을 입고 경복궁에서 인생 사진을 찍어 보는 거 어때?

5 광화문-흥례문-근정문-근정전-사정전-강녕전-교태전은 일자로 배치되어 있어. 궁궐 건축 배치 중 가장 원칙을 잘 지킨 궁궐인 셈이야.

6 경복궁에는 경회루 연못 말고 또 하나의 이쁜 연못이 있어. 고종 때 세워진 것으로 추정되는 향원정이야. 향원정은 경복궁 제일 안쪽에 있어. 경치가 워낙 좋아서 경복궁의 아름다움을 더욱더 돋보이게 하고 있어.

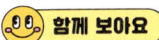 함께 보아요

국립 고궁 박물관

조선의 왕과 왕비는 어떤 옷을 입고 어떤 것을 먹으며 어떤 생활을 했을까? 지금부터 조선 왕실 문화를 찾아가 보자.
경복궁 내 왼쪽 광화문 안쪽의 국립 고궁 박물관에서는 조선 왕실 문화를 직접 눈으로 확인할 수 있어.
아, 참! 여긴 무료 관람이야. 홈페이지에서 360° VR 온라인 전시를 관람할 수도 있고.

 함께 보아요

국립 민속 박물관(어린이 박물관)

우리나라 사람들이 어떻게 살았는지 생활 모습을 보여 주는 재미있는 박물관을 소개할게.
바로 경복궁 동북쪽에 있는 국립 민속 박물관이야. 그동안 잊고 지냈던 우리의 민속 문화를 다시 한번 살펴보고 체험하면서 알아 가는 공간이 될 거야.
그 옆에 어린이 박물관이 있는데, 귀엽고 아기자기하며 재미있는 민속 문화를 체험할 수 있어.

경복궁

- 주소 : 서울특별시 종로구 사직로 161
- 입장료 : 25~64세 3,000원 / 종로구민 50% 할인
- 무료 입장 : 24세 이하, 65세 이상 무료
  한복 착용자, 매월 마지막 수요일(문화가 있는 날)
- 대중교통 : 지하철 3호선 경복궁역 5번 출구 도보 5분
  5호선 광화문역 2번 출구 도보 10분
- 주차장 : 광화문에서 삼청동 가는 길 왼쪽(1시간 3,000원, 초과 10분당 800원)
- 관람 안내 : 화요일은 휴궁일(화요일이 공휴일 경우 공휴일 이후 휴궁일)
  11~2월 09:00~17:00(입장 마감 16:00)
  3~5월/9~10월 09:00~18:00(입장 마감 17:00)
  6~8월 09:00~18:30(입장 마감 17:30)

서울에는 조선 오백여 년 역사의 핵심인 궁궐이 다섯 개 남아 있어. 법궁인 경복궁과 창경궁, 덕수궁, 경희궁, 그리고 바로 창덕궁이야. 그런데 이 중에서 창덕궁만 유일하게 유네스코 세계 문화유산으로 등재되었어. 그 이유가 무엇일까? 다 같이 창덕궁으로 가서 그 비밀을 파헤쳐 볼까?

전 세계에서 가장 현대적이고 빠르고 미래적인 도시라고 할 수 있는 서울에 오랜 조선의 궁궐이 잘 보전되어 있는 것을 보고 외국인들은 매우 특이하다고 해. 외국인들이 서울을 좋아하는 이유라고 할 수 있지. 현대적이면서 우리의 고유 문화인 K-문화를 같이 보여 줄 수 있는 곳이 바로 서울이잖아.

임금이 가장 사랑한 궁궐, 창덕궁

만약 친구들이 임금이라면 어떤 궁궐을 좋아했을 것 같아? 화려하고 웅장하고 격식 있는 궁궐? 아니면 자연과 함께 어울어져 편안함을 느낄 수 있는 궁궐? 딱 하나를 고르기가 어렵지?

그렇다면 조선의 임금들은 어떤 궁궐에 머무르는 것을 좋아했을까?

 조선을 세우고 첫 번째로 만든 경복궁은 태조 이성계와 조선을 건국한 정도전 등 신하들이 유교적 논리를 바탕으로 만든 궁궐이야. 그러다 보니 경복궁은 웅장하고 화려하긴 하지만, 형식과 논리에 치우쳐서 약간 답답하다고 생각했던 것 같아.

 조선의 세 번째 임금 태종 이방원이 짓기 시작한 창덕궁은 궁궐의 격식을 지키기보다는 자연의 생김새에 맞추어 주변 환경과 어우러지게 건축했어. 우리나라 사람들이 예전부터 자연과 조화를 이루며 살아가는 모습을 궁궐로 나타내 보려 한 거지.

 그래서일까? 창덕궁은 봄, 여름, 가을, 겨울 사계절 모든 날 동안 아름다움을 뽐내며 저마다의 매력을 보여 줘. 조선의 여러 임금들은 다른 궁궐보다 창덕궁에서 많은 시간을 머무르며 휴식을 취했다고 해.

창덕궁 후원

조선의 아픈 역사가 새겨진 돈화문

창덕궁의 정문은 돈화문이야. 보통 궁궐의 정문은 정남향에 있는데, 특이하게도 돈화문은 서남쪽으로 치우쳐 있어. 풍수지리적으로 북악산의 정기를 종묘까지 연결시키려 했다는 얘기도 있고, 지형의 흐름에 따라 자연스럽게 궁궐을 배치하려고 했다는 얘기도 있어. 바로 맞은편에 종묘가 있어서 일부러 그쪽으로 문을 만들지 않으려고 했다는 얘기도 있고.

게다가 다른 궁궐의 정문은 입구가 대개 세 칸인데, 창덕궁은 다섯 칸으로 만들어 두었어. 당시에는 중국 황제가 머무는 궁궐의 정문만 다섯 칸이었다지. 눈치 빠른 친구는 벌써 알아챘을 것 같은데, 창덕궁을 통해서 조선의 자존심과 임금의 위엄을 보여 주려고 한 것 같아.

돈화문은 '임금님과 유교의 가르침인 교화(化)를 돈(敦)독히 한다.'라는 뜻이야.

돈화문　　　　　　회화나무

참, 돈화문 앞에서 조선의 역사를 바꾸는 두 번의 사건이 벌어졌어. 하나는 연산군 때 일이야. 조선의 열 번째 임금이었던 연산군은 백성들을 위한 정치보다는 술을 마시고 노는 일에 빠져 있었어. 유교 정치를 펼치고 또 공부를 해야 한다고 여러 신하들이 조언하고 간청도 했지만, 오히려 바른 소리를 하는 신하들에게 벌을 주거나 멀리 내쫓아 버렸지.

임금의 도리를 벗어난 연산군의 악행을 더는 참지 못한 신하들이 돈화문 앞으로 우르르 모였어. 그러고는 돈화문을 열고 들어가 연산군을 쫓아낸 뒤, 이복동생인 진성 대군을 임금(중종)으로 모셨지. 이 사건이 바로 중종반정이야.

이와 비슷한 일은 백여 년 뒤에 또 벌어지게 되는데, 바로 임진왜란이 끝나고 왕위에 오른 광해군 때야. 중립 외교로 최근에는 인정을 받고 있지만, 그 당시에는 중국의 명나라를 배신한 데다 어머니를 궁궐에 가두

고 동생을 죽였다고 하여 신하들이 거세게 반발했어.

결국 신하들이 광해군을 내쫓고 인조를 왕으로 모셨는데, 이를 인조반정이라고 해. 이때도 돈화문 앞에서 신하들이 모인 뒤 창덕궁에 들어가 광해군을 내쫓았다지.

이처럼 연산군과 광해군은 임금 자리에서 쫓겨났기에 임금의 칭호가 아니라 왕자의 이름으로 영원히 남게 된 거야. 슬프고도 아픈 역사 이야기가 숨겨져 있는 돈화문을 지나 창덕궁으로 들어가 볼까?

태종 이방원이 만든 금천교

조선 시대 임금은 남들과 다른 특별하고 성스러운 존재였어. 그래서 궁궐의 정문과 중문 사이에 금천을 흐르게 했지. 금천은 '금할 금(禁)'자에 '내 천(川)' 자를 써서 아무나 들어설 수 없는 신성한 공간임을 나타낸 거야. 경복궁의 영제교 기억나지? 창덕궁에는 금천교(錦川橋)가 있어.

방금 말한 금천과 소리는 같지만, 뜻은 하늘과 땅 차이니까 헷갈리지 않도록 해. 금천교의 금은 '비단 금(錦)'이거든. 비단 같은 하천을 건너는 다리라는 뜻이야. 이 금천교는 조선 초기 태종 때 만들어진 것으로, 지금까지 남아 있는 궁궐의 돌다리 중 가장 오래된 것이지. 국가 보물로 지정되어 있어.

조선을 세운 이성계에게는 여덟 명의 아들이 있었어. 그중 다섯 번째 아들 이방원이 고려 말에 과거에 급제할 정도의 능력을 가진 데다 조선

왕자의 난

금천교

을 세우는 데 큰 공을 세웠지. 한마디로 다음 왕좌의 유력한 후보였어.

그런데 이성계가 정도전의 조언을 받아 막내아들 이방석을 세자로 정해 버렸지 뭐야. 세자가 뭔지는 알지? 다음에 임금이 될 왕자란 뜻이지.

결국 이방원은 왕자의 난을 일으켜서 자신을 반대하는 신하들과 방석을 제거하고는 둘째 형인 방과에게 임금 자리를 양보했어. 방과(정종)는 이 년간 임금 자리에 있다가 방원에게 물려주었고. 그렇게 해서 이방원이 결국 세 번째 임금 태종이 된 거야.

금천교를 건너면 진선문이 있어. 선(善)한 말을 임금에게 말씀드리려 나아가는(進) 문이라는 뜻이야. 왕과 신하가 백성을 위한 좋은 정치를 위해 노력하자는 의미이지.

친구들은 억울한 일이 생기면 어떻게 해? 요즘엔 경찰에 신고하거나 법정에서 그 일의 옳고 그름을 따져 보잖아. 최근에는 청원 게시판에 글을 올리기도 하고. 조선 시대에도 비슷한 제도가 있었어.

태종 때 백성들이 원통하고 억울한 일을 당했을 때 임금님에게 호소

진선문

할 수 있도록 대궐에 북을 달아 두었거든.

물론 신분제 사회에서 대궐에 설치된 북을 지방의 백성들이 치기는 쉽지는 않았겠지만, 백성들의 억울한 하소연을 직접 듣고 해결하려는 임금님의 소통하려는 자세를 오늘날에도 기억하면 좋을 것 같아.

● **백성을 위한 어진 정치를 꿈꾸며, 인정전**

진선문을 지나 걷다 보면 창덕궁의 정전(正殿, 중심 건물)이라고 할 수 있는 인정전이 나와. '백성을 위한 어진 정치를 하라'는 뜻을 가진 인정전(仁政殿)은 왕의 즉위식, 세자 책봉, 왕족의 혼례, 왕대비의 회갑 잔치처럼 경사스러운 일뿐만 아니라 신하들의 신년 하례 의식, 외국 사신의 접견 같은 국가 공식 행사를 치르던 곳이야. 또한, 국가 행정과 백성들을 다스리는 관리를 선발하는 과거 시험도 인정전 뜰에서 치렀어.

　국가의 행사가 있을 때 신하들은 자신의 품계에 맞는 줄에 서 있어야 하는데, 그것을 돌에 표시한 것이 품계석이야. 조선의 관리는 정1품부터 종9품까지 18개 단계로 나누어져 있어. 영의정, 좌의정, 우의정 같은 가장 높은 정1품 관료부터 앞줄에 자리해.

　또한, 행정과 정치를 담당하는 문관은 동쪽에, 국방과 군사적인 일을 담당하는 무관은 서쪽에 있지. 이들을 다른 말로 문반, 무반이라고도 하고 동반, 서반이라고도 불러. 궁궐의 문에 들어갈 때도 동반으로 동쪽의 문을 이용하고, 서반은 서쪽의 문을 이용했어.

　여기서 문반과 무반 신하들을 함께 부를 때 한자로 '두 양(兩)' 자를 써서 양반이라고 하는 거야. 시간이 흐르면서 꼭 관료가 아니더라도 특권을 가진 지배 계층의 신분을 지칭하는 말이 되었지만.

인정전

서양식 인테리어로 꾸민 희정당

희정당은 밝고 넓은(熙) 정(政)치를 펼치려는 왕과 왕비가 쉬면서 생활하는 사적인 공간이야. 조선 후기에는 임금이 신하들과 회의도 하고 업무 보고도 받고 국가의 정책에 대해 토론하는 사무실로도 쓰였어.

사실 희정당 건물은 임진왜란을 비롯하여 여러 번의 화재를 입었어. 지금의 건물은 1920년, 즉 일제 강점기 때 경복궁의 강녕전을 옮겨 근대식으로 고쳐 지은 건물이라서 조선 시대와는 다른 모습이지.

이 희정당 건물을 사용한 사람은 대한 제국의 마지막 황제 순종이야. 순종은 일본에게 강제로 나라를 빼앗겼던 비운의 왕이었어. 일제의 감시 속에 이곳 창덕궁에 갇혀 있다시피 하면서 하루하루를 지냈지.

희정당은 시대 변화에 맞추어 서양식 인테리어를 했는데……. 카펫과 유리 창문, 전등, 샹들리에, 서양식 테이블과 탁자로 꾸며서 전통 문화와 서양 문화가 적절히 조화를 이루도록 했지. 자동차가 희정당 입구까지

희정당

희정당 내부

들어올 수 있었다고 해. 승용차에서 한복을 입은 순종이 내려 희정당으로 들어가는 모습을 떠올려 봐. 어떤 기분이 드니?

● 덕혜 옹주가 마지막으로 머물던 곳, 낙선재

창덕궁 건물과 약간 떨어진 곳에 외부에 색을 칠하지 않은 소박한 곳이 있어. 바로 낙선재야. 선(善)을 즐기는(樂) 조용한 곳(齋)이라는 뜻이야. 조선 후기에 헌종이 만들었어.

여덟 살에 왕위에 올랐던 헌종은 할머니였던 대왕대비 순원 왕후의 수렴청정(임금이 어린 나이로 왕위에 올랐을 때 왕대비나 대왕대비가 이를 도와 나랏일을 돌보던 일) 기간이 있었지만, 직접 정치를 할 때는 정조를 본받아 왕권을 강화하려 애썼지. 낙선재에서 많은 책을 보관하고서, 백성과 나라를 위한 정치를 연구한 거야.

낙선재는 대한 제국의 마지막 황태자인 영친왕의 부인 이방자 여사와 고종의 막내 딸 덕혜 옹주가 마지막으로 머물렀던 곳이야. 일제는 조선의 왕실 가문들을 일본에 흡수시키거나 정치적으로 이용하기 위해 일본에 강제로 유학시키고, 일본 왕실이나 귀족들과 결혼을 시켰어.

덕혜 옹주는 일본의 감시와 망국의 왕실 후손이라는 슬픔과 외로움을 견디며 일본에서 오십여 년을 지냈지. 오랜 세월이 지나 1962년에 아픈 몸을 이끌고 한국으로 돌아와 이곳 낙선재에서 이방자 여사와 함께 남은 삶을 편안하게 보냈다고 해.

낙선재 뒤뜰에는 계단식 정원에 여러 화초와 다양한 모양의 장식 돌, 이쁜 굴뚝이 아기자기하면서 세련된 궁궐 정원의 모습을 보여 주니 뒤뜰까지 꼭 돌아보도록 해.

낙선재

창덕궁의 연꽃 연못, 부용지

조선의 임금들이 정치를 하다가 지치고 힘들 때 산책을 하며 머리를 식히던 곳이 바로 창덕궁 후원이야. 역대 왕들이 가장 좋아했던 곳이라지? 창덕궁 후원은 자연의 모습 그대로 살리면서도 인공 연못과 정자가 조화롭게 어우러지도록 설계해서 한국 정원 문화를 대표하는 곳이야. 이것이 바로 창덕궁이 유네스코 세계 문화유산으로 등재된 이유이기도 하지.

후원에서 첫 번째 만나는 네모난 모양의 인공 연못은 부용지야. 연꽃 연못이란 뜻이야. 연못 한가운데에 동그란 섬이 있는데, 네모난 연못은 땅을, 둥근 섬은 하늘을 상징해. 연못에 떠 있는 듯한 부용정 기둥에는

부용지

부용지의 아름다움을 노래하는 시가 적혀 있어.

이곳을 가장 아꼈다고 하는 정조는 부용지에서 신하들과 함께 연못에 배를 띄우고 시 짓기 놀이를 했는데, 정해진 시간 안에 시를 짓지 못하면 연못 섬에 잠시 귀양을 보내는 벌칙을 주었다나.

 슬픈 사랑의 노래, 애련지

창덕궁에는 연꽃이 가득한 연못이 있어. 연꽃을 사랑한다는 뜻을 가진 연못 애련지에 숙종은 애련정이라는 이름의 정자를 만들었어. 숙종 임금이 이곳을 얼마나 아꼈는지 알겠지?

숙종과 두 왕비의 사랑 이야기는 조선 임금들의 러브 스토리 중에서 가장 유명해. 숙종과 인현 왕후, 그리고 장희빈. 그런데 이들의 이야기는 단순한 연인들의 사랑 이야기를 넘어, 당시 서인과 남인의 정치적 갈등과 왕권 강화라는 중요한 역사적 사건과 이어져.

서인 집안 출신인 인현 왕후는 처음에는 임금의 사랑을 받지 못했어. 대신 남인 계열과 연결되어 있었다고 하는 희빈 장씨가 숙종의 사랑을 받았지. 그리고 장희빈은 다음의 왕위를 잇는 아들 경종도 낳았지 뭐야. 그 당시 왕실에서는 임금의 아들을 낳는 것이 매우매우 중요한 일이었어.

결국 인현 왕후와 서인의 주요 세력이 쫓겨나고 장희빈이 왕비가 되거든. 그러나, 권력도 사랑도 영원하지 않다지. 다시 서인 세력이 권력을 잡으면서 인현 왕후는 궁궐로 돌아오게 돼.

그런데 몇 년 뒤 세상을 떠나자 장희빈이 인현 왕후를 저주하여 죽게 했다는 이유로 사약을 받게 되는 이야기야. 정말 파란만장하지?

학교에서는 언제 배워?

초등학교 《사회》 4학년 1학기 2단원 〈우리 지역의 국가유산〉에서 우리 지역의 유적지를 체험하기 전에 미리 계획을 세워 보는 시간을 가져. 체험하고 싶은 내용을 정리하고, 체험 방법도 정하지. 그리고 5학년 2학기 1단원 〈옛사람들의 삶과 문화〉와 2단원 〈사회의 새로운 변화와 오늘날의 우리〉에서 조선 시대의 정치와 문화에 대해서 배워.

그건 왜 그래?

1. 세계 문화유산으로 등록된 우리나라 궁궐은 어디일까?

2. 창덕궁의 정전으로 공식 행사 등이 이루어졌던 곳은?

3. 숙종이 매우 아꼈던 연못의 이름은?

정답 1. 창덕궁 2. 인정전 3. 애련지

활동하기 | 국가유산 방문자 여권 스탬프 투어

문화재청과 국가유산진흥원에서 운영하는 국가유산 방문자 여권 스탬프 투어에서 '왕가의 길' 코스에서 '자연과 조화를 이룬 궁궐-창덕궁' 스탬프 인증을 해 보자.

여기에 창덕궁 스탬프를 찍어 봐!

1 창덕궁은 세계 문화유산이라 우리나라 사람들뿐만 아니라 외국인들도 많이 찾는 곳이야. 창덕궁 궁궐 전각 자체들도 멋있고 유명하지만, 무엇보다 후원 관람이 인기 있는 곳이라 미리 예약하고 가도록 해.

2 혹시 후원 관람 예매를 하지 못했다고 너무 실망하지는 마. 해설사와 함께 하는 시간제 관람을 한 시간 단위로 각 시간대별 최대 100명이야. 사전 인터넷 예매 50명, 당일 현장 발매 50명 입장 가능하니까 예매를 하지 못했어도 매표소에 꼭 문의를 해 봐.

3 후원 해설사 관람은 예매 또는 현장 발매로 정해진 시각에 후원 입구에서 시작해. 창덕궁의 정문인 돈화문에서 후원 입구까지 걸어서 약 십오 분 소요되니까 시작 시각에 늦지 않게 도착하도록 해.

4 궁궐 통합 관람권이라는 것이 있어. 4대궁(경복궁, 창덕궁, 창경궁, 덕수궁)과 종묘를 삼 개월 동안 각각 1회 갈 수 있는 통합권이야. 가격이 10,000원이니까 표를 따로 사는 것보다 경제적이지.

5 창덕궁의 사계절은 각각 특별한 매력이 있어. 봄에는 예쁜 꽃이랑 푸릇한 나무와 어우러지는 궁궐의 모습을 볼 수 있고, 여름에는 울창한 나무 사이에 시원한 물소리를 느낄 수 있는 후원이 더위를 잊게 해 줘.
가을은 단풍 가득한 후원의 부용지에서 인생 최고의 경관을 만날 수 있어. 겨울 눈이 내린 다음 날 아침의 창덕궁은 사진을 찍으려는 사람들이 줄을 잔뜩 서 있기도 해. 사계절 각각 다른 매력을 모두 느껴 봐. 참, 4~5월, 10~11월 주말은 예매가 매우 빨리 매진되니까 기억해 두면 좋을 듯해.

😊 **함께 보아요**

불로문

창덕궁에서 부용지를 나와 북쪽으로 연결된 길을 따라 걷다 보면 담장 사이에 커다란 'ㄇ' 모양의 돌문을 발견할 수 있어. 돌문에 늙지 않는 문이라는 뜻의 '불로문'이라는 글씨가 새겨져 있지.
조선 시대 임금의 수명은 길지 않았어. 임금이 병에 걸리지 않고 건강하게 장수하기를 바라는 마음에서 만든 것 같아. 지금도 이 문을 지나가는 사람은 무병장수한다고 전해지고 있으니, 건강을 기원하며 불로문을 지나가 보자.

😊 **함께 보아요**

연경당

창덕궁에서 애련지 서쪽에는 궁궐의 건축 스타일이 아닌 보통의 양반 사대부의 집으로 보이는 곳이 있어. 다른 궁궐 건물과 다르게 채색도 하지 않았는데, 이 집의 남자 주인이 머무르는 사랑채 건물의 이름이 연경당이야. 연경당은 축하할 만한 경(慶)사가 널리 퍼지는(演) 집(堂)이라는 뜻을 가졌지.
이 연경당은 순조의 아들 왕세자 효명세자가 민간 생활을 몸소 체험하면서 백성을 위한 정치를 하려는 공간이었어.

창덕궁

- 주소 : 서울특별시 종로구 율곡로 99
- 입장료 : 25~64세 3,000원 / 종로구민 50% 할인
- 무료 입장 : 24세 이하, 65세 이상 무료
  한복 착용자, 매월 마지막 수요일(문화가 있는 날)
- 대중교통 : 지하철 3호선 안국역 3번 출구 도보 5분
  1·3·5호선 종로3가역 7번 출구 도보 10분
- 관람 안내 : 월요일은 휴궁일(월요일이 공휴일 경우 공휴일 이후 휴궁일)
  11월~1월 09:00~17:30(입장 마감 16:30)
  2~5월/9~10월 09:00~18:00(입장 마감 17:00)
  6~8월 09:00~18:30(입장 마감 17:30)
- 주차장 : 없음(대중교통을 이용하거나 주변 공영 주차장을 이용)

다들 동물원 좋아하지? 그럼 우리나라 최초의 동물원이 어디에 있었는지 알아? 바로 창경궁에 있었어. 창경궁은 궁궐 아니냐고? 맞아, 창경궁은 창덕궁과 함께 조선의 대표적인 궁궐이야. 종묘와도 연결되어 있고……. 그런데 예전에 창경궁이 창경원으로 이름이 바뀌었던 때가 있었어. 어쩌다 그런 일이 일어나게 된 걸까? 어떤 이야기가 숨어 있는지 다 같이 파헤쳐 볼까?

풍덩 번째 도장
창경궁

우리 역사에서 가장 존경받는 임금이 누군지 알지? 바로 세종 대왕이야. 광화문 앞에 떡하니 동상까지 세워져 있잖아. 보통은 임금이 세상을 떠나면 세자가 왕위에 오르게 되는데, 세종 대왕은 그렇지가 않았어. 아버지 태종(이방원)이 살아 있을 때 왕위를 물려받았거든. 그래서 상왕이 된 태종이 편안히 지낼 수 있도록 수강궁을 지어 드렸지. 건강(康)하게 오래오래 살라고(壽) 궁궐 이름도 그렇게 지은 거야.

효심을 가득 담은 궁궐, 창경궁

시간이 흘러 흘러 성종이 아홉 번째로 조선의 임금이 되었어. 할머니(세조의 왕비)와 작은어머니(예종의 왕비), 어머니(덕종의 왕비) 이렇게 세 분의 대비를 모시기 위해 수강궁을 확장한 다음, 창경궁으로 이름을 바

꾸었지. 이 이름에는 왕실의 어르신을 정성껏 모시고, 조선 왕조에 창(昌)성하고 경(慶)사로운 일이 가득하길 바라는 마음이 담겨 있어. 한마디로 기쁘고 좋은 일이 많이 생기기를 바란다는 뜻이야.

창경궁은 임금이 지냈던 창덕궁과 연결되어 있어서 주로 왕실 가족들의 생활 공간으로 사용되었어. 경복궁 동쪽에 있다고 해서 창덕궁과 함께 동궐이라고 불렀다나.

● **궁궐을 놀이공원으로 바꿔 버렸다고?**

임금의 지극한 효심을 품고 있던 창경궁도 임진왜란의 화재를 피해가지는 못했어. 참, 임진왜란이 뭔지는 알지? 선조 25년(1592)에 일본이 침입한 전쟁을 말해. 무려 칠 년간이나 이어졌지. 그때 창경궁도 다른 궁궐과 같이 불에 타고 말았어. 그 후 광해군이 임금 자리에 올랐을 때 주요 건물들을 재건했어.

1905년 을사늑약 이후 일본이 본격적으로 우리나라의 권리를 침탈하면서 조선 왕실의 상징인 궁궐을 함부로 훼손하기 시작했어. 심지어 창경궁에 동물원과 식물원을 만들어서 사람들에게 개방을 했지 뭐야. 그것도 모자라, 우리나라의 권리를 완전히 빼앗고 난 1911년에는 아예 궁

에서 한 단계 낮춰서 창경원이라고 한 뒤 놀이공원으로 만들어 버렸어.

 그 전까지 사람들은 궁궐에 쉽게 접근할 수가 없었잖아. 그런데 캥거루와 원숭이, 공작새처럼 신기한 동물들과 세계 여러 나라의 식물을 한꺼번에 볼 수 있게 된 거야. 인기가 엄청 많을 수밖에!

 사람들에게 볼거리를 제공했으니까 좋은 일을 한 게 아니냐고? 음, 이럴 땐 일본이 어떤 마음으로 그랬는지 먼저 생각해 봐야겠지? 우리나라 사람들을 즐겁게 해 주기 위해서라기보다는, 궁궐을 함부로 훼손해서 조선 왕실의 권위를 낮추려는 의도로 그런 거니까.

백성들과 함께하길 꿈꾸다

 창경궁의 정문은 홍화문이라고 해. "유교의 덕을 넓게(弘) 펼쳐 백성을 감화(化)시킨다."는 뜻이야. 조선이 유교를 중심으로 백성을 다스리는 나라라는 걸 잘 보여 주는 이름이랄까. 홍화문은 백성과 함께한다는 이름답게 임금이 백성들과 자주 만나던 곳이기도 해.

 영조는 홍화문에 나가 이렇게 말했다지?

 "나에게 임금이 되게 한 것은, 임금을 위해서가 아니고 곧 백성을 위한 것이다. 내가 덕이 부족하여 가난한 백성들이 있으니 이들을 구제하라."

그러고는 가난하고 어렵게 사는 노인들에게 쌀을 나누어 주었다나 봐. 이렇게 백성들을 자주 만나고 위하는 마음이 있었기에 균역법까지 만들었겠지?

아, 균역법이 뭐냐고? 당시 백성들에게 큰 부담이 되었던 세금의 일부를 줄여 주는 법이었어. 조선 시대에도 지금처럼 군역의 의무가 있었거든.

직접 군대에 들어가기보다는 주로 옷감인 군포를 세금으로 내는 분위기였지. 그런데 권세 높은 양반들이 세금을 내지 않으면서 힘없는 백성들이 그 부담을 다 지게 된 거야.

영조는 균역법을 실시해서 군포를 두 필에서 한 필로 줄이고, 부족한 돈은 다른 세금으로 메웠다고

홍화문

영조의 조세 개혁

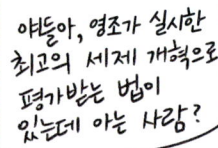

해. 그 당시로서는 꽤 합리적인 세금 제도였다지.

● 구슬같이 맑은 물이 흐르는 다리, 옥천교

궁궐에 들어가기 전에는 꼭 작은 개천 위로 놓인 다리를 건너잖아. 홍화문을 지나면 옥천교를 만날 수 있어. '구슬(玉)과 같은 맑은 물(川)이 흐르는 개천에 놓인 다리(橋)'를 건너가 볼까?

궁궐 초입마다 왜 이런 개천을 둔 걸까? 임금이 사는 특별한 공간을 다른 보통의 공간과 구분하려고 그랬다나 봐. 작은 것 하나하나에도 모두 의미 부여를 하는 것이 조선 시대 건축의 특징이랄까.

옥천교 다리 옆면 무지개 모양 사이에 도깨비 얼굴 조각이 있으니까 꼭 확인해 봐. 거기다 그걸 왜 새겼냐고? 음, 물길을 타고 궁궐에 들어오려는 귀신을 쫓아내기 위한 것도 있고, 밋밋한 다리를 멋지게 꾸미려는 것도 있고.

옥천교

여덟 번째 도장_창경궁 133

명정전

● 나라와 백성을 위해 밝은 정치를 펼치다, 명정전

창경궁의 정전은 명정전이야. 외국 사신단을 맞이하거나 궁중 연회처럼 왕과 신하들이 모두 모이는 공식 행사를 했던 곳이지. '나라와 백성을 위한 정(政)치를 밝게(明) 한다'는 뜻이지.

창경궁은 아까 왕실의 어른들을 위한 생활 공간이라고 했지? 그래서 다른 궁궐에 비해 규모가 조금 작아. 그래도 한가운데에 삼도도 있고 품계석도 있어서 중요한 행사를 치르는 데는 아무 문제가 없었어.

명정전은 임진왜란 때 불탔다가 광해군 때 새로 지었어. 현재 남아 있는 궁궐의 정전 중에서는 가장 오래된 곳이야.

참, 창경궁은 야간 개장을 해. 가족들이랑 밤에 가서 야경 사진을 멋지게 찍어 보는 거 어때?

역사의 아프고 슬픈 흔적이 고스란히

창경궁에서 임금의 사무실은 바로 문정전이야. '유학의 가르침(文)으로 정(政)치를 한다'는 뜻을 가지고 있어. 이곳에서 임금은 신하와 함께 공부를 하는 경연을 하고, 나랏일을 논의하는 회의를 열어. 각 부서의 업무 보고를 받기도 하고, 상소문이나 책을 읽기도 하지.

● 사도 세자의 비극이 서린 곳

그런데 그거 알아? 문정전은 오백여 년의 조선 왕실의 역사에서 가장 비극적으로 여겨지는 사건이 일어났던 곳이야. 영조가 본인의 아들인 세자를 여드레 동안 뒤주(쌀통)에 가두어 죽게 했거든. 그런 일이 왜 생긴 거냐고? 음, 세자가 나이가 들면서 영조와 사이가 좋지 않았어. 둘 사이를 이간질하려는 신하들도 있었고.

그런 데다 세자가 궁녀와 내시를 여럿 죽이는 사건이 일어난 거야. 영조는 앞으로 더 큰일이 생길까 봐 걱정한 나머지, 아들에게 큰 벌을 내리기로 한 거지. 세자를 뒤주에 가둔 다음에 뚜껑을 닫고 자물쇠를 채웠어.

그렇게 해서 세자가 세상을 떠나자, 영조는 가슴이 너무 아파서 아들의 이름을 생각할 사(思), 슬퍼할 도(悼), 즉 사도 세자라고 지었어. 그 뒤 사도 세자의 아들이 왕위에 올랐지. 바로 정조야.

● **인현 왕후와 장희빈이 치열하게 벌인 사랑과 전쟁**

창경궁에서 왕비가 생활하던 건물은 통명전이야. 유교와 통(通)하여 밝은(明) 세상을 만들기를 기원한다는 뜻이지. 중전이 침실로 쓰는 공간이어서 다른 궁궐처럼 지붕에 용마루가 없어.

통명전은 건물 뒤와 옆에 작은 샘과 연못이 있어. 이 샘물은 '매우 차다'고 해서 열천(洌泉)이라고 불러. 왕비가 지내는 곳답게 주변을 꽃과 나무, 연못, 샘으로 이쁘게 꾸며 놓았지.

그런데 이 통명전에도 가슴 아픈 이야기가 숨어 있어. 열아홉 번째 임금인 숙종 때 벌어진 사랑과 전쟁! 그럼 누가 나오겠어? 맞아, 왕비였던 인현 왕후와 후궁 장희빈 이야기야.

앞에서 말했다시피 둘 사이에 갈등이 깊었어. 장희빈이 인현 왕후가 머물던 통명전 주변에 죽은 새나 쥐 등 동물을 묻어 저주를 했다지? 이 일이 발각되는 바람에 장희빈은 사약을 받게 되지.

통명전 열천

통명전

우리나라 최초의 서양식 온실

　우리나라 최초의 서양식 온실은 어디일까? 1909년에 창경궁에 세워진 대온실이야. 철재와 목재로 뼈대를 세운 뒤 유리로 덮은 공간은 그때만 해도 완전히 새로운 형태의 건축물이었어.

　그 전까지 우리나라에서는 볼 수 없었던 열대 지방의 희귀한 식물들을 가져와 전시했지. 온실 앞에는 분수를 내뿜는 프랑스식 정원도 있었고. 궁궐이라는 아주 전통적인 공간에 서양식 건축물이라니……. 처음에는 부자연스러운 느낌이 들기도 했지만, 지금은 독특한 역사 공간으로서 많은 사람들에게 사랑과 관심을 받고 있어.

　그때는 대한 제국이 일본에 국권을 빼앗기던 시기여서, 이렇게 특별하고 아름다운 서양식 건축물이 세워지는 배경과 상황이 더 안타깝게 느껴져.

대온실

학교에서는 언제 배워?

초등학교 《사회》 4학년 1학기 2단원 〈우리 지역의 국가유산〉에서 답사할 때 주의할 점과 우리 지역의 역사를 조사하고 정리하는 시간을 가져. 건축물에 얽힌 이야기도 나누고. 5학년 2학기 1단원 〈옛사람들의 삶과 문화〉와 2단원 〈사회의 새로운 변화와 오늘날의 우리〉에서는 임진왜란 이후 광해군, 숙종, 영조, 정조 시기의 역사와 일제의 침략에 대해 배워.

그건 왜 그래?

1. 창덕궁과 창경궁을 합쳐서 부르는 말은 무엇일까?

2. 일본은 창경궁의 이름을 창경원으로 바꾸고 무엇을 만들었을까?

3. 영조가 자신의 아들인 사도 세자를 죽게 한 곳은?

정답 1. 동궐 2. 놀이동산 / 동물원 3. 창경궁 문정전 앞

활동하기

나만의 창경궁 1Pick 찾기

창경궁에서 가장 마음에 드는 곳을 하나 꼽은 다음, 왜 그런지 이유를 적어 보자.

나만의 창경궁 1Pick	
이유	

도장 깨기 TIP TIP TIP

1 창경궁은 단풍이 진짜 예쁜 곳이야. 이왕이면 가을에 가는 것을 추천해.

2 창경궁은 밤 9시까지 야간 개장해. 궁궐의 밤을 느끼고 싶다면 창경궁이 최고! 휴무일을 제외하고 일 년 내내 이쁜 궁궐의 야경을 볼 수 있어. 꼭 기억해.

단풍지는 언제나 아름답지만 가을 단풍이 너무 이뻐.

3 창경궁에 관한 이야기가 더 궁금하다고? 그렇다면 창경궁 해설 프로그램을 이용해 봐. 옥천교에서 출발하는데, 한 시간 정도 걸려. 매일 창경궁 해설사와 우리 궁궐 지킴이와 궁궐 길라잡이가 무료로 재미있는 이야기를 해 줘. 참, 월요일은 쉬어.

4 창경궁의 매력은 야간 관람이라고 했지? 정규 해설 프로그램은 오후 4시 30분까지만, 유료 해설 프로그램은 야간에도 있어. 조용한 밤의 궁궐을 돌아다니며 재미있는 역사 이야기를 들어 보는 거 어때? 인터넷 포털 사이트에서 '창경궁 야경 투어'를 검색해 봐.

| 창경궁 야경 투어　　🔍 |

함께 보아요

경희궁

서울에는 조선 왕조 궁궐이 다섯이야. 법궁인 경복궁과 유네스코 문화유산인 창덕궁, 효의 궁궐 창경궁, 조선에서 대한 제국으로 이어지는 데 중심지였던 덕수궁, 그리고 경희궁이야. 경희궁은 원래 왕족이 살던 집이었어. 그런데 임진왜란 때 경복궁을 비롯한 모든 궁궐이 불타 버리자, 광해군이 이곳에 왕의 기운이 있다고 하여 경덕궁을 세웠어. 그 후 영조가 경희궁으로 이름을 바꾸었지.

경희궁은 일제 강점기 때 일본에 의해 가장 많이 훼손된 곳인데, 아직 복원이 많이 되지 않아서 잘 알려져 있지 않아. 그래도 한번 들러서 숨겨진 역사를 알아보는 거 어때?

흥화문

숭정전

창경궁

- 주소 : 서울특별시 종로구 창경궁로 185
- 관람 시간 : 09:00~21:00(입장 마감 20:00) / 월요일 휴관
- 입장료 : 25~64세 1,000원 / 종로구민 50% 할인
- 무료 입장 : 24세 이하, 65세 이상 무료
  한복 착용자, 매월 마지막 수요일(문화가 있는 날)
- 대중교통 : 지하철 4호선 혜화역 4번 출구 도보 12분
  버스 - 창경궁, 서울대학교 병원 하차
- 주차장 : 09:00~22:00(주차 공간이 좁으므로 대중교통 이용 권장)
  기본 30분 1,500원 / 초과 요금 10분마다 500원

조선 시대에는 서울이 '한양'이라고 불렸다고 했잖아. 이성계가 조선을 세운 뒤 한양을 도읍으로 삼고 외부로부터의 침략을 막기 위해 도심을 빙 둘러 성을 쌓았어. 조선의 한양과 지금의 서울은 그 범위가 좀 다르긴 하지만, 서울의 중구와 종로구 주변에 그 흔적이 아직도 남아 있어. 이번에는 한양을 둘러싼 성을 따라 한 바퀴 돌면서 조선에 대해 더 살펴볼까?

아홉 번째 도장
한양 도성 1

요즘 세계에서 가장 핫한 도시가 어디일까? 바로 서울이야. K-팝이 세계적으로 인기를 끌면서 외국인들이 제일 가고 싶은 도시 가운데 하나로 서울을 꼽는다잖아. 사실 와이파이 팡팡 터지고, 현대적인 건물이 삐죽삐죽 솟아 있고……. 뭐, 어디 내놔도 국제 도시로서 손색이 없지. 그치?

세계에서 가장 핫한 도시?

아, 여기서 잠깐! 서울은 지금 최고의 현대적인 도시로 꼽히지만, 오백여 년의 역사를 지닌 조선 시대에도 도읍으로서 아주 중요한 곳이었어. 그래서 이곳을 지키기 위해 빙 둘러 성을 쌓았는데, 이걸 '한양 도성'이라고 해.

그러고는 동서남북에다 숭례문(남대문)과 흥인지문(동대문), 돈의문(서대문), 숙정문(북대문), 이렇게 네 개의 대문을 세웠어. 그 외에 네 개의 작은 문(소문)도 세웠고. 지금이야 사람들이 서울을 언제든 자유롭게 자유롭게 넘나들 수 있지만, 그때는 성으로 둘러싸여 있어서 4대문과 4소문을 통해서만 한양으로 드나들 수 있었지.

한양 도성은 태조 이성계 때 지었는데, 그동안 여러 번 보수 공사를 거쳤어. 그래서 돌의 크기와 모양을 보면 어느 시대에 돌을 쌓았는지 금방 알아차릴 수 있지. 심지어 성벽의 어느 부분을 어느 동네 누가 쌓았는지 이름을 새겨 넣어서 책임감을 가지고 일할 수 있게 공사 실명제도 실시했어. 이것을 각자성석, 즉 이름을 새긴 성벽 돌이라고 해.

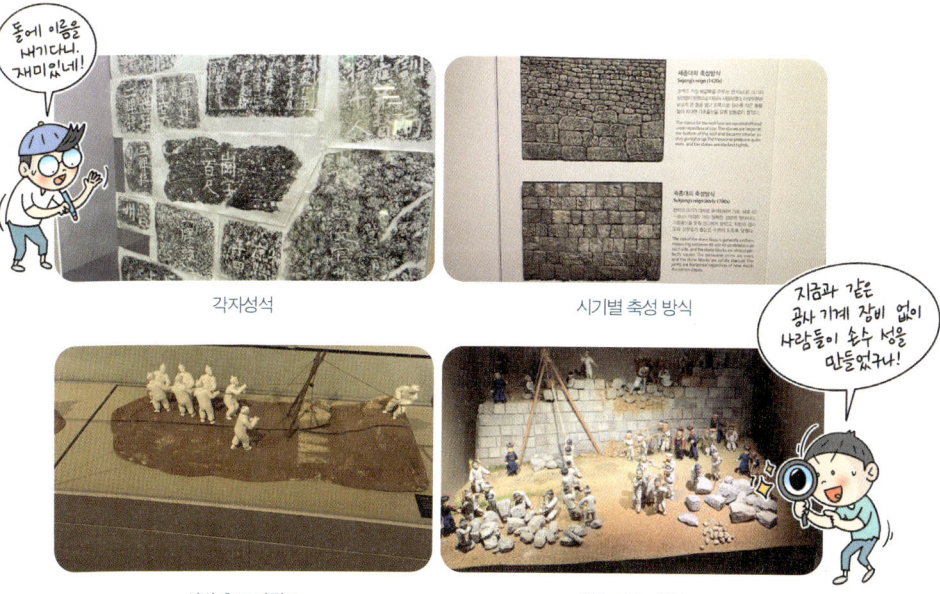

각자성석 | 시기별 축성 방식

성벽 축조 과정 1 | 성벽 축조 과정 2

● 한양 도성의 치안은 내가 담당, 순라군

한양 도성의 성문은 항상 열려 있지는 않았어. 지금처럼 사람들이 저마다 시계를 갖고 있던 시절이 아니라서, 종을 쳐서 문이 열리는 시각과 닫히는 시각을 알렸지.

밤에 종을 스물여덟 번 치면서 문을 닫았는데, 이걸 '인정'이라고 해. 한마디로 통행금지 시간이야. 그러면 언제부터 다시 나다닐 수 있는 거냐고? 음, 새벽에 종을 서른세 번 치면 통행금지가 해제돼. 이걸 '파루'라고 해.

해가 지는 시각을 기준으로 삼았어. 그래서 여름과 겨울에 문을 여닫는 시각이 각각 달랐지. 여름에는 낮이 기니깐 문을 늦게 닫았다가 일찍 열고, 겨울에는 해가 짧으니까 문을 일찍 닫았다가 늦게 열었거든.

요즘 시각으로 계산해 보면 여름에는 밤 9시쯤 문을 닫고, 새벽 3시쯤에 다시 연 것 같아. 겨울에는 저녁 7시쯤 문을 닫았다가 새벽 5시쯤 열었을 듯하고.

아무튼 종이 울리고 성문이 닫히면 아무도 이동을 할 수가 없었어. 다음 날 새벽에 문이 열리기 전까지는 나라에 아주 중요하고 위험한 일이 벌어지지 않은 이상 성문이 굳게 닫혀 있었거든.

이 시간 동안에는 순라군이 성문을 지켰지. 성 주위를

돌면서 위험한 일이 없는지 살피기도 하고. 지금으로 치면 경찰이 하는 일과 비슷해. 백성들의 안전을 위해 밤잠을 설치면서 순찰을 돌았으니까.

● 한양 도성은 유교 스타일?!

조선은 '유교'를 나라의 가장 중요한 근본으로 생각했어. 유학자인 신진 사대부가 나라를 세웠거든. 유교는 중국의 춘추 전국 시대에 살던 공자와 맹자 같은 학자들이 만든 학문이야. 예의나 효도처럼 도덕적인 가치를 공부하고 생활 속에서 실천하려고 애썼지.

한양 도성의 문 이름도 유교에서 중요하게 여기는 도덕적 가치를 담아서 하나하나 정성스럽게 지었어. 그 문을 지나다니는 동안, 그러한 가치가 사람들의 몸과 마음에 자연스럽게 스며들기를 바랐던 거지.

숭례문의 '례(禮, 예의)', 흥인지문의 '인(仁, 어진 마음)', 돈의문의 '의(義, 정의)'……. 이런 마음들은 조선 시대뿐 아니라 요즘에도 매우 중요한 가치가 아닐까 싶어.

숭례문 현판은 왜 세로로 썼을까?

　한양 도성의 4대문 중 남쪽에 있는 숭례문이 정문이야. 남쪽은 임금이 백성을 바라보며 정치를 한다는 상징적인 의미가 있어. 숭례문은 서울에 남아 있는 가장 오래되고 규모가 큰 건축물이어서 국보(국가의 보물)로 지정되었지.

　그런데 안타깝게도 2008년 2월, 새벽에 숭례문에 화재가 일어나는 바람에 불에 타 없어졌어. 그때 우리나라 국민이라면 너나없이 엄청난 충격을 받았을 거야. 지금은 옛 모습 그대로 다시 복원했지만, 우리의 소중한 국가유산을 보호하기 위해 어떤 노력을 기울여야 하는지 다시 한번 생각하는 계기가 되었다고 할까.

　숭례문의 이름에는 '예(禮)절을 숭(崇)상하여 높인다'라는 의미가 담겨

숭례문 현판

숭례문

있어. 보통 건물의 이름이 적힌 현판(간판)은 가로로 쓰여진 게 많아. 그런데 숭례문은 특이하게도 세로로 썼지 뭐야. 왜 그랬을까?

 음, 그때는 한양 도성 남쪽에 있는 관악산을 불의 기운이라고 생각해서 화재와 같은 나쁜 기운이 닥치는 걸 막으려 했던 거야.

남산 공원, 나랑 같이 걸을래?

 한양 도성은 중국이나 유럽의 성처럼 평지에 세워진 게 아니라 한양의 산과 언덕을 그대로 이용해서 쌓았어. 숭례문에서 십여 분 정도 걸어 올라가면 남산 공원을 만날 수 있어.

 남산 자락을 따라 육백여 년 전의 한양 도성 성곽길이 이어져 있는데,

남산 공원 성곽길

남산 공원 야경

이 길을 걷다 보면 타임머신을 타고 조선 시대로 돌아간 듯한 느낌을 받을 수 있을 거야. 야간 조명이 진짜 이쁘게 되어 있으니까 가족들이랑 밤에 산책하는 것을 강력 추천해.

● 봉화를 올려라, 긴급 통신 수단 봉수대

남산 성곽길을 따라 삼십 분쯤 올라가다 보면, 힘들다는 느낌이 슬금슬금 들 때가 있을 거야. 그쯤에서 봉수대를 볼 수 있어. 남산은 조선 시대에 목멱산이라고 불렀거든. 그래서 '목멱산 봉수대 터'라고 적혀 있지.

남산 봉수대는 전국에서 오는 봉수가 집결되는 곳이었어. 알다시피 조선 시대에는 휴대폰이 없었잖아. 나라에 위급한 일이 생겼을 때 빠르게 전할 방법이 필요했지. 그래서 낮에는 연기, 밤에는 불을 피워 올려서 멀리서도 알아볼 수 있게 한 거야.

전국의 봉수대는 모두 연결되어 있었어. 아무 일이 없을 때는 한 개,

봉수대 의식

남산 봉수대

적이 나타나면 두 개, 적이 국경에 접근하면 세 개, 경계를 넘으면 네 개, 전투가 벌어지면 다섯 개의 연기와 불을 피워 올렸지.

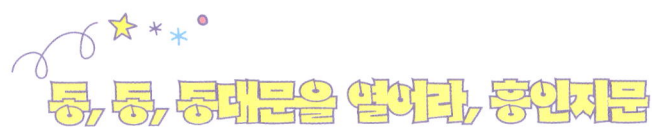
동, 동, 동대문을 열어라, 흥인지문

한양 도성 동쪽에 있는 대문이 흥인지문이야. 성문을 둥그렇게 둘러싸고 있는 옹벽이 있는 것이 흥인지문만의 특징이지. 보통 동대문이라고 불러. 너그럽고 인자한 마음인 인(仁)이 흥(興)하여 온 나라에 널리 퍼지길 바라는 마음으로 이런 이름을 지었다고 해.

흥인지문은 숭례문과 좀 다르게 생겼지? 딱 봐도 현판이 다르잖아. '흥인문'이라고 하지 않고, 굳이 '지(之)' 자(우리말로 '~의'란 뜻이야.)를 넣

흥인지문 현판

흥인지문

어서 '흥인지문'이라고 한 다음, 정사각형 현판을 만들었고.

이것은 땅의 기운을 중요하게 여기는 풍수지리설을 따른 거라고 하는데, 한양 동쪽 땅의 기운이 부족하다고 하여 보완하기 위해 그런 거라나.

난 별명이 여러 개야, 광희문

한양 도성에는 4대문 말고도 그보다 조금 더 작은 문이 네 개가 있다고 했지? 작다는 뜻으로 '소문'이라고 불러. 작을 소(小) 말이야.

숭례문과 흥인지문 사이에는 광희문이 있어. 광희문은 무슨 뜻인지 딱 알겠지? 빛날 광(光)과 빛날 희(熙)……. 빛난다는 뜻의 한자가 두 개나 들어 있으니, 얼마나 간절한 바람을 담았는지 짐작이 가잖아. 그런데 웃프게도 이름에 담긴 뜻과 반대되는 별명이 있어.

바로 '시구문'이야. 시구는 시체(屍)가 나가는 입구(口)란 뜻인데, 도성

안에서 사람이 죽으면 이 문을 통해 장례식 행렬이 성 밖으로 나갔거든. 또, 한양에서 청계천이 흘러나가는 출구가 주변에 있다고 해서 '수구문'이라고도 불렀어. 뭔가 좀 아이러니하지?

북쪽 대문 역할은 내가 맡고 있어, 혜화문

흥인지문과 북쪽의 숙정문 사이에 혜화문이 있어. 동쪽의 작은 문이란 뜻으로 동소문이라고 해. 그런데 '혜화'가 무슨 뜻이냐고? 임금이 정치를 잘하여 그 은혜(惠)가 백성들에까지 베풀(化)어지길(그러니까 유교 이념이 널리널리 퍼지기를) 바라는 마음을 담은 거야.

혜화문은 소문인데도 북쪽의 대문 역할을 했어. 지금의 의정부나 강원도 등 한양의 북쪽으로 가는 대문으로 사용했거든. 혜화문 근처에 지하철 4호선 혜화역이 있잖아. 시간 날 때 한번 가 봐. 대학로와 접해 있어서 볼거리와 놀거리가 아주 많아.

혜화문

학교에서는 언제 배워?

초등학교 《사회》 3학년 1학기 2단원 〈일상에서 만나는 과거〉에서 우리 주변에 있는 오래된 건축물이나 사진, 그림 등으로 알게 된 과거의 모습을 친구들에게 소개하는 시간을 가져. 5학년 2학기 1단원 〈옛사람들의 삶과 문화〉에서는 이성계와 신진 사대부들이 조선을 세운 뒤 궁궐을 비롯해서 한양 도성을 세우는 과정을 배우는데, 그때 조선의 유교 문화에 대해서도 알 수 있어.

그건 왜 그래?

1. 남대문의 원래 이름은 무엇일까?

2. 조선 시대에는 남산을 무엇이라고 불렀을까?

3. 적이 나타나면 봉화를 몇 개 피워 올려야 할까?

정답: 1. 숭례문 2. 목멱산 3. 2개

활동하기 — 한양 도성 완주 투어 도전하기

서울 역사 박물관에서 운영하는 '서울 한양 도성' 완주 투어가 있어. 한양 도성 투어 안내소에서 지도를 받아 스탬프 도장을 찍거나 '서울 한양 도성' 앱에서 GPS 인증을 할 수 있지. 한양 도성 완주를 하면 '서울 한양 도성 완주 인증서'와 함께 배지를 받을 수 있어. 한번 도전해 보는 거 어때?

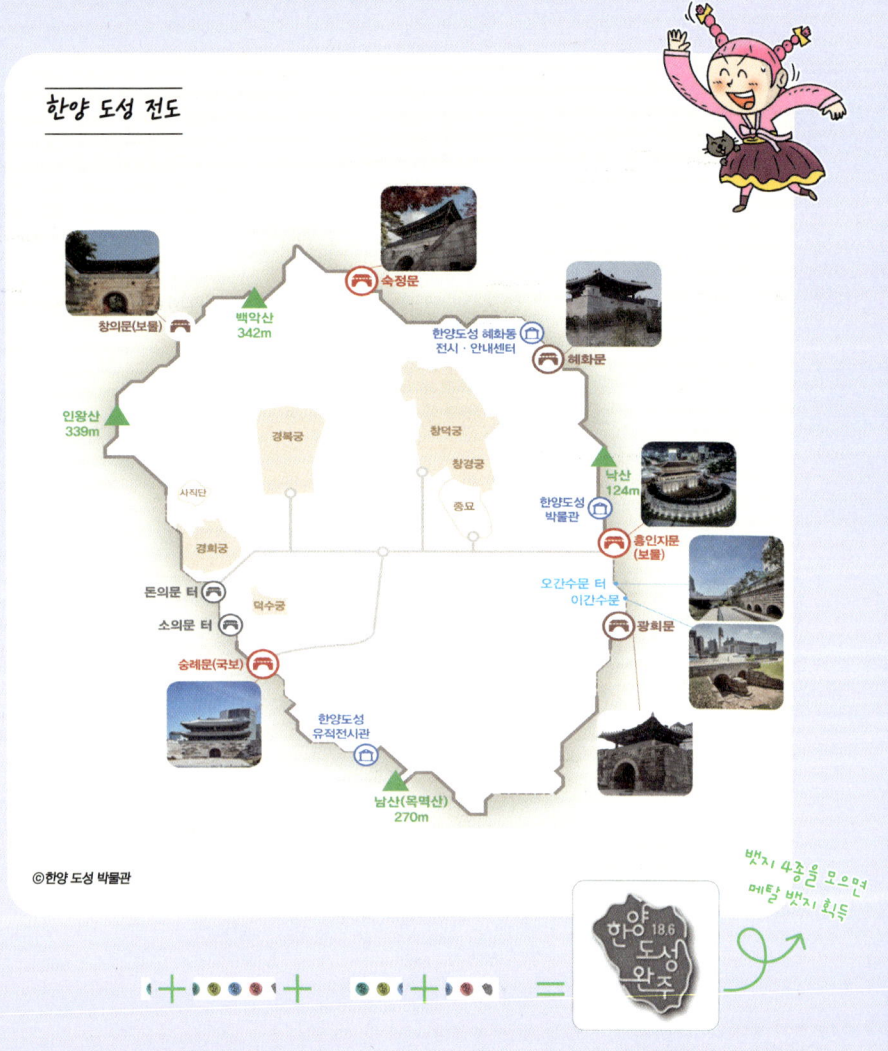

도장 깨기 TIP TIP TIP

1 한양 도성을 한 번에 돌 수도 있지만, 18.6킬로미터나 되는 꽤 긴 거리야. 여러 날로 구간을 나누어서 걷는 것을 추천해.

2 숭례문을 지키는 조선 파수꾼들이 숭례문을 여는 행사는 오전 10시, 문을 닫는 폐문 의식은 오후 3시 30분에 해. 숭례문을 지키는 파수 의식과 숭례문과 도성 인근을 순찰하는 파수꾼 순라 의식도 하니까 시간 맞춰 둘러봐. 자세한 시간은 QR을 참고하고.

3 남산 봉수대 봉화 의식은 오전 11시부터 한 시간 정도 진행해.(월요일은 제외) 행사가 끝나면 조선 시대 봉수대 관리들과 기념 촬영도 할 수 있어.
바로 옆 팔각정 앞에서 다양한 문화 공연 행사도 진행하니까 문화 예술을 체험해 보는 것도 좋을 것 같아.

4 남산에 올라갈 때 걷기가 어려우면 케이블카(명동역 5번 출구 방향에서 남산 오르미 에스컬레이터 이용)를 이용해 봐. 많이 힘들면 남산 순환 버스 01번(충무로역, 동대입구역)을 타는 것도 추천해.

 함께 보아요

DDP(동대문 디자인 플라자)

흥인지문과 광희문 주변 동대문역사문화공원역에 DDP가 있어. 현대적이고 특이한 모양의 문화 공간이야.

이 공간의 역사는 조선 시대로부터 이어져. 조선 후기에 설치된 훈련도감의 하나인 하도감으로 군인들이 훈련하고 서울을 지켰던 곳이거든.

일본이 이곳에 경성 운동장을 처음 만들었는데, 광복 후에 동대문 운동장으로 이름을 바꾸게 돼. 오랫동안 국내외 주요 야구와 축구 경기가 있었던 스포츠를 좋아하던 사람들에게 추억의 공간이기도 하지.

동대문 운동장 철거 전 모습

DDP

 함께 보아요

남산 공원

서울의 남산은 볼 것이 너무 많은 데야. 역사적으로도 의미 있는 공간이지.

일제 강점기 시기에 신궁이 있었던 곳이라 이것을 극복하기 위한 마음으로 세운 독립운동가 안중근 의사 동상과 안중근 기념관, 그리고 백범 김구를 기리는 백범 광장이 있어. 또 일본군에게 피해를 입었던 위안부 할머니를 기리는 동상도 있지.

오랜 세월의 한양 도성의 흔적을 가장 잘 보여 주는 유적 전시관도 있으니까 꼭 한번 둘러봐.

안중근 의사 동상

일본군 '위안부' 동상

숭례문

- 주소 : 서울특별시 중구 세종대로 40
- 관람 시간 : 09:00~18:00(월요일 정기 휴일)
- 입장료 : 무료
- 대중교통 : 지하철 1·4호선 서울역 4번 출구 도보 10분
             4호선 회현역 5번 출구 도보 10분
- 주차장 : 없음

흥인지문

- 주소 : 서울특별시 종로구 종로288
- 관람 시간 : 09:00~18:00(월요일 정기 휴일)
- 입장료 : 무료
- 대중교통 : 지하철 1·4호선 동대문역 9번 출구 바로 앞
- 주차장 : 없음

아홉 번째 도장에서 4대문 가운데 숭례문과 흥인지문을 살펴보았지? 이번에는 숙정문과 돈의문을 둘러보려 해. 숭례문, 흥인지문, 숙정문, 돈의문……. 이런 이름들에는 유교 사상이 많이 스며 있다고 했지? 그런데 누가 이런 이름들을 지었을까? 궁금하지 않니? 이제 그 비밀을 파헤치러 가 볼까?

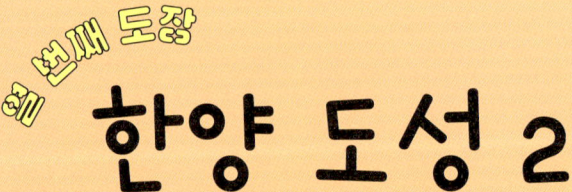

열 번째 도장
한양 도성 2

　이성계를 도와 조선을 세운 유학자 중에서 일등 공신은 정도전이야. 정도전은 조선의 여러 법과 제도를 만들었지. 궁궐과 한양 도성을 세우고 이름을 짓는 데 큰 역할을 한 사람 역시 바로 정도전이고!

조선 건국의 일등 공신, 정도전

　원래 정도전은 고려에서 과거에 급제하고 성균관에서 공부한 고려의 신하였어. 그런데 고려 말기에 썩을 대로 썩은 지배층의 횡포로 백성들의 삶이 몹시 고단해졌지.

그걸 보고 고려를 개혁해야 한다고 생각하는 사람들이 점점 늘어났는데, 이들을 신진 사대부라고 해.

마침 그때, 왜구를 용감하게 물리쳐서 몇 번이나 나라를 위기에서 구한 이성계가 백성들 사이에서 신망이 매우 높았어. 신진 사대부는 이성계와 함께 고려를 개혁하기로 마음먹었지.

결국 중국 명나라를 공격하러 가던 이성계가 압록강의 위화도에서 군대를 돌려서 개성으로 돌아오게 돼. 이게 바로 그 유명한 '위화도 회군'이야. 그길로 이성계는 반대 세력을 물리치고 순식간에 권력을 차지해 버리지.

고려를 유지한 채 개혁을 추진하려는 정몽주 등의 온건파와 새로운 나라를 세우자고 했던 정도전의 급진파가 대립을 했어. 마침내 급진파가 온건파를 몰아내고 이성계를 왕으로 받들어 새 나라 조선을 세웠지. 백성들과 함께 유교의 이상을 실현하려는 정도전의 꿈이 비로소 이루어졌다고나 할까.

그러나 정도전은 왕위를 이을 후계자로 이성계의 막내아들 이방석을 지지했어. 그 후 왕자의 난이 일어났을 때 이방원한테 무참하게 죽임을 당하고 말아.

정도전은 그렇게 세상을 떠났지만, 그가 세운 한양 도성은 지금까지도 우리에게 중요한 역사적인 공간으로 남아 있어.

정도전

북쪽은 내가 지킬게, 북악산

이제 북쪽으로 슬슬 가 볼까? 한양 도성의 북쪽은 북악산과 인왕산의 산세를 그대로 살려서 만들었다고 해. 북악산과 인왕산은 북쪽에서 쳐들어오는 적을 막는 데 크게 기여했어. 병풍처럼 둘러서 있는 북쪽의 산은 겨울의 찬바람을 막아 주는 역할도 했지.

그런데 아쉽게도 서쪽 지역은 일제 강점기 때 철거되었어. 서대문과 서소문이 없어져 버린 거야. 지금 그곳에서는 어떤 것들이 우리를 기다리고 있을까?

한양 도성의 북쪽을 든든히 지키는 북악산에는 백악 산신을 모시는 사당이 있어. 그래서 백악산이라고도 불러. 북악산의 높이는 324미터인데, 남쪽은 완만한 평지여서 그곳에 조선의 첫 번째 궁궐이자 법궁인 경복궁을 지었지. 대한민국이 세워진 뒤에는 청와대가 자리를 잡았고.

대한민국 역사 박물관에서 바라보는 전망

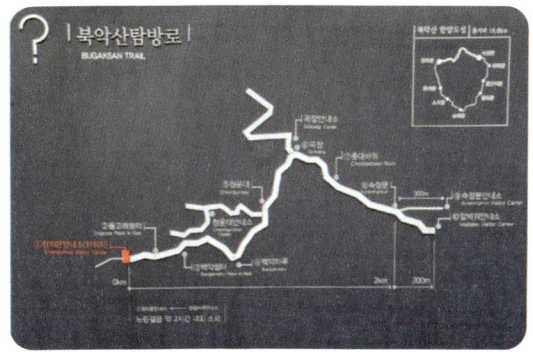 

북악산 탐방로   북악산 올라가는 계단

그런데 1968년 1월 21일에 북악산에 큰일이 생겼지 뭐야. 세상에, 북한의 간첩이 휴전선을 넘어 북악산을 타고 내려와 청와대를 습격하려 한 거야. 간첩이 창의문을 통과하려다가 비상근무 중이던 경찰에게 들켜서 총격전이 벌어졌지.

그때 경찰과 시민들이 많은 피해를 입는 바람에 꽤 오랫동안 북악산 출입이 통제되었어. 그러다 2006년에야 개방이 되었어. 지금은 숙정문과 북악산 일대를 자유로이 오갈 수 있어.

● **안개와 노을빛이 예쁜 창의문**

한양 도성에서 혜화문과 함께 북대문 역할을 했던 문이 하나 더 있어. 바로 북소문인 창의문이야. 4소문 중에서 조선 시대의 모습을 유일하게 그대로 보존하고 있지. 창의문은 '정의를 밝힌다'라는 뜻이야.

창의문은 자하문(紫霞門)이라고도 하는데, 자하는 '붉은 안개'라는 의미야. 근처에 있는 인왕산 계곡에서 안개가 자주 피어오르는 데다 붉은 노을빛이 예뻐서 그런 이름이 붙은 것 같아.

창의문은 지하철 3호선 경복궁역에서 '자하문 고개, 윤동주 문학관' 정류장으로 가는 초록 버스(서울 시내버스)를 타는 것을 추천해. 버스로는 십 분, 경복궁역에서부터 걷는다면 삼십 분 정도 걸릴 거야.

창의문

● 산 위에 우뚝 서 있는 숙정문

숙정문을 찾아가는 길은 북악산을 등산하듯 오르락내리락하며 긴 거리를 가야 해서 쉽지가 않아. 그래서일까? 가뭄이 나서 비를 내리게 해 달라고 기원하는 기우제를 지낼 때 빼고는 거의 열지 않았다고 해. 한양도성의 4대문 중 하나였지만 사람들이 거의 다니지 않았던 문이었어.

그러면 한양의 북쪽으로 지나갈 일이 있을 때는 어떻게 하냐고? 음, 앞에서 말한 대로 혜화문이랑 창의문으로 다녔지.

아, 참! 숙정문은 엄숙(肅)하고 편안한(靖) 문이라는 뜻이야.

숙정문

한양 도성을 지키는 하얀 호랑이, 인왕산

조선을 건국하고 한양을 도읍으로 정할 때 풍수지리설과 같이 땅의 기운과 상징적인 것들을 매우매우 중요하게 여겼어.

그래서 한양 도성을 세울 때 북쪽의 북악산을 가장 중요한 산인 '주산(主山)'으로 한 다음 낙산을 좌청룡, 인왕산을 우백호로 삼았던 거지.

그러니까 그때 사람들은 그 방향의 지역을 지키는 신성한 동물이 있다고 상상한 거야. 말하자면 낙산을 푸른 용, 인왕산을 하얀 호랑이라고 생각하면서 자신들을 지켜 주고 있다고 믿었던 거지.

인왕산

인왕산에서 바라본 서울 시대

서대문 대신 돈의문 박물관 마을

 한양 도성의 네 번째 대문은 서쪽의 돈의문이야. 흔히 서대문이라 불렸어. 돈의문은 정의(義)로움을 돈(敦)독하게 하는 문이라는 뜻이야. 여기서는 유교 덕목 중 하나인 '의'를 강조했다고 해.

 서대문은 한양 도성을 처음 지을 때는 거의 사용하지 않았다나 봐. 그러다 세종 때 이전 문을 헐고 다시 만들어서 흔히들 '새문'이라고 불렀다지. 일본이 우리나라를 강제로 지배하던 1915년에 도로를 넓히고 도시를 정비한다는 평계로 돈의문을 철거하는 바람에 지금은 그 흔적을 찾기가 어려워.

 서울 지하철 노선도에서 '서대문역'을 본 적이 있지? 조선의 역사를 기억하기 위해서 훗날 역 이름을 그렇게 붙인 거야. 그곳에 '돈의문 박물관 마을'을 지어서 시민들과 함께하는 공간을 마련해 놓고 있어.

 돈의문 박물관 마을은 다양한 전통 문화와 1960~80년대의 감성을 체험하고 즐길 수 있는 종합 역사 문화 마을로 운영되고 있어. 그곳에 가면 너무너무 재미있어서 시간 가는 줄 모를걸. 지금 바로 홈페이지를 방문하여 무엇이 있는지 살펴봐~!

돈의문 박물관 마을

학교에서는 언제 배워?

초등학교 《사회》 4학년 1학기 2단원 〈우리 지역의 국가유산〉에서 우리 지역의 역사를 보존하기 위해 어떤 노력을 기울여야 하는지 살펴봐. 또 4대문 중 하나지만 지금은 남아 있지 않은 돈의문을 증강 현실과 가상 현실로 만날 수 있는 방법을 소개해. 5학년 2학기 1단원 〈옛사람들의 삶과 문화〉에서 고려 말의 혼란을 정리하고 새로운 나라 조선을 건국하는 이성계와 신진 사대부들에 대해 배워. 정도전과 유학자들이 궁궐과 한양 도성의 이름들을 통해 어떤 나라를 꿈꾸었는지 알 수 있어.

그건 왜 그래?

1. 언제나 닫혀 있는 숙정문을 열 때는 언제일까?

2. 지금은 사라지고 없지만 서대문의 다른 이름은?

3. 인왕산을 상징하는 동물의 이름은 무엇일까?

정답: 1. 기우제 지낼 때 2. 돈의문 3. 하얀 호랑이

활동 하기 〉 북악산의 매력 포인트 찾기

북악산은 언뜻 세모 모양으로 생겼는데, 그 앞에 경복궁과 청와대가 있었던 만큼 아주아주 중요한 산이야. 북악산을 천천히 둘러보면서 그 안에 숨겨진 매력을 찾아보는 거 어때? 친구나 가족들이랑 누가 누가 더 많이 찾아내는지 내기하기!!!

장소	사진	매력 포인트 찾기 미션 완료 체크
돌고래 모양 바위 쉼터		
백악마루 발칸포 (하늘방어대포) 증강 현실 콘텐츠		
1·21 사태 당시 총격전의 흔적이 남은 소나무		
꽃사슴 (선생님도 아직 보지 못했어요.) 친구들은 사슴을 꼭 만나길 바라!		
한양 도성 각자성석		

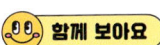 함께 보아요

낙산 공원

흥인지문에서 출발해서 흥인지문 공원의 성곽길을 따라 혜화문으로 걷다 보면 낙산 공원이 나와. 작은 산의 모양이 낙타 등처럼 생겼다고 하여 낙타산이라고 해. 이걸 줄여서 '낙산'이라고 했다나. 낙산 공원은 대학로와 연결되어 있어서 문화 예술도 즐길 수 있어.

 함께 보아요

한양 도성 박물관

흥인지문 공원에 '한양 도성 박물관'이 있어. 한양 도성 박물관에서는 말 그대로 한양 도성과 관련된 다양한 유물과 콘텐츠를 볼 수 있어. 무엇보다 흥인지문을 한눈에 내려다볼 수 있어서 경치가 무지무지 멋져.

숙정문
- 주소 : 서울특별시 종로구 삼청동 산 25-22
- 관람 시간 : 09:00~16:00(3~10월, 퇴장 시간 18:00)
  10:00~15:00(11~2월, 퇴장 시간 17:00)
- 무료 입장
- 주차장 : 없음

돈의문 박물관 마을

- 주소 : 서울특별시 종로구 송월길 14-3
- 대중교통 : 지하철 5호선 서대문역 4번 출구 도보 10분
- 관람 시간 : 10:00~19:00(월요일 정기 휴무)
- 주차장 : 없음(인근 서울 역사 박물관 유료 주차장 이용)

1 한양 도성은 북악산과 인왕산 등 자연 지형을 그대로 이용하여 성을 쌓았기 때문에 서울 시내를 한눈에 굽어보며 아름다운 경치를 감상할 수 있어.

2 인왕산과 북악산 구간은 약간의 등산길이 있기에 운동화를 꼭 신도록 해. 오르막길과 내리막길, 그리고 계단이 많지만 정비가 잘되어 있어서 위험하지는 않아. 그래도 다 한 바퀴 돌려면 시간이 꽤 걸리니까 생수랑 간단한 간식을 미리 챙기는 게 좋아.

3 북악산에 갈 때는 증강 현실 <JUMP> 앱을 미리 설치하도록 해. 그러면 재미있는 콘텐츠를 경험할 수 있을 거야.